Chadian Sister Engages Kansas City Youth about Peace and Justice:

Citoyenne du monde en construction à Kansas City

Nelkem Jeannette Londadjim

Langaa Research & Publishing CIG
Mankon, Bamenda

Éditeur / *Publisher:*

Langaa RPCIG
Langaa Research and Publishing Common Initiative Group
PO Box 902 Mankon
Bamenda
North West Region
Cameroon
info@langaa-rpcig.net
www.langaa-rpcig.net

orders@africanbookscollective.com
www.africanbookscollective.com

ISBN-10: 9956-551-77-5
ISBN-13: 978-9956-551-77-4

Pour référencer ce livre / *To reference this book:*

Londadjim, N. J. (2020). *Chadian sister engages Kansas City youth about peace and justice: Citoyenne du monde en construction à Kansas City.* Bamenda : Langaa.

En entreprenant un voyage intercontinental de partage et de découverte, Sœur Jeannette a confiance. Selon elle, « sans confiance, il ne se passe rien ». Son écriture est pleine d'humour, de perspicacité, d'audace et de spontanéité.
— *Ken Parsons, Professeur agrégé de philosophie, Université Avila*

* * *

Dans une écriture qui respire, parce qu'elle dialogue à la fois avec les autres et avec elle-même, Nelkem Jeannette Londadjim se laisse surprendre, note ses impressions, réfléchit et se livre. — *Valérie Joubert, psychologue, psychothérapie psychocorporelle, Strasbourg, France*

* * *

Londadjim parle par écrit des rencontres quotidiennes, des aspirations à la justice. Partager des pensées dans un texte comme elle l'a fait relie les gens et nous rend plus humains. Nous avons besoin de plus de cela. — *Pr Francis Nyamnjoh, Université de Cape Town*

* * *

Ce livre bilingue est un joyau bien réfléchi et plein d'amour. Très inspirant. — *Carol Coburn, Historienne et Professeure émérite d'études des femmes et de genre, Université Avila*

On a daring intercontinental journey of sharing and self-discovery, Sister Nelkem Jeannette trusts – in herself and others. According to her, "Without trust, nothing happens." Her writing is full of humor, insight, audacity, and spontaneity. – *Ken Parsons, Associate Professor of Philosophy, Avila University*

* * *

In writing that breathes, as the author dialogues interiorly and with others, Nelkem Jeannette Londadjim lets herself be surprised, notes her impressions, reflects out loud, and courageously shares. – *Valérie Joubert, bodymind psychotherapist, Strasbourg, France*

* * *

Londadjim speaks in writing about everyday encounters and yearnings for justice. She connects people and makes us more human. We need more of this. – *Francis Nyamnjoh, Professor of Anthropology, University of Cape Town*

* * *

This bilingual book is a gem of thoughtful reflection and love. A very inspirational read. – *Carol Coburn, Historian and Emeritus Professor of Women's and Gender Studies, Avila University*

Dédicace / *Dedication*

Aux jeunes d'*Avila University* et aux collègues du programme *Buchanan Initiative for Peace and Nonviolence*, grâce à qui ces quelques pensées ont vu le jour.

Au réseau international des sœurs de Saint Joseph et en particulier aux sœurs de Saint Joseph de Carondelet qui m'ont accueillie fraternellement et permis de vivre une expérience internationale de congrégation dans la construction de la justice et de la paix.

À ma mère Ndogue Joséphine Moudalbaye et à mon père Londadjim Yamassoum qui m'ont transmis le sens des autres et la défense des petits et des pauvres dans la justice et la paix.

À ma tante Tam et son époux Mamari Djime qui m'ont ouverte aux échanges culturels et à la réflexion.

À mon frère Jacquelot Louis Madjadoum Londadjim qui m'a donné le goût des études de droit.

De plus, nous dédions ce travail à la mémoire de Breonna Taylor, abattue par la police à Louisville, Kentucky, et de George Floyd, tué sous les yeux du monde. Que leurs âmes et celles de tant d'autres, brutalisés par l'injustice, et qui nous ont quittés avant leur temps – reposent dans le pouvoir[1],

---

[1] L'expression « qu'il repose dans le pouvoir » est une variante de « qu'il repose en paix ». Elle est utilisée en particulier dans les communautés noires et LGBTTTQQIAA+ pour rendre hommage à une personne dont la mort est considérée comme injustifiée ou criminelle, appelant ainsi à poursuivre la lutte pour la justice sociale et manifestant sa solidarité à son égard. « Qu'elle·il repose dans le pouvoir » permet également de rendre hommage à une personne, en particulier une personne de couleur, qui a

alors que nous continuons à nous battre contre le racisme institutionnel et la discrimination systémique et à lutter pour le respect, la dignité, et l'égalité.

marqué sa communauté et la société plus large par son action. Explication traduite et adaptée de : www.dictionary.com/e/politics/rest-in-power

To the young people of Avila University and colleagues of the Buchanan Initiative for Peace and Nonviolence, thanks to whom these few thoughts were born.

To the international network of the sisters of St. Joseph and in particular the sisters of St. Joseph of Carondelet, who welcomed me fraternally and allowed me to live an international experience of congregation in the construction of justice and peace.

To my mother Ndogue Josephine Moudalbaye and my father Londadjim Yamassoum who transmitted to me a sense of respect for others and the defense of the small and the poor, in a spirit of justice and peace.

To my aunt Tam and her husband Mamari Djime who opened me to cultural exchanges and reflection.

To my brother Jacquelot Louis Madjadoum Londadjim who gave me a desire to study Law.

We also dedicate this work to the memories of Ms. Breonna Taylor, fatally shot by police in Louisville, Kentucky, and of Mr. George Floyd, killed before the eyes of the world in Minneapolis, Minnesota. May their souls and the souls of so many others – who were brutalized at the hands of injustice and left us before their time – rest in power, as we continue to fight against institutional racism and systemic discrimination and for respect, dignity, and equality.

Table de matières / *Table of Contents*

Préface

J'ai rencontré Sœur Jeannette Londadjim en août 2017, lorsqu'elle est devenue la première activiste en résidence de l'Initiative Buchanan pour la paix et la non-violence (BIPN) à l'Université Avila à Kansas City, Missouri, aux États-Unis. En tant que consultante du BIPN et historienne des sœurs catholiques, j'ai été ravie d'accueillir sur notre campus une sœur de Saint Joseph et une militante pour la paix et la non-violence.

Notre objectif était de fournir des moments de répit et de réflexion à notre activiste et une occasion pour elle de passer dix semaines à l'Université pour interagir avec les professeurs, le personnel, les étudiants et la communauté de Paix et Justice de la ville de Kansas City. Sœur Jeannette a dépassé nos espoirs en ce qui concerne le dialogue, le partage culturel et l'apprentissage, si importants pour une communauté universitaire.

Encouragée par son interprète et maintenant amie Kathryn Touré, elle a commencé un journal pour enregistrer ce moment d'activiste en résidence et y développer sa réflexion. Ses écrits sont devenus ce livre, un microcosme de cette période et de son cheminement à Avila. Elle emmène le lecteur dans un voyage de foi, d'espérance, d'interculturalité, et donne à voir différentes manières dont la paix et la non-violence peuvent être actualisées dans des lieux locaux et mondiaux.

Cet essai témoigne de notre humanité, de nos espoirs et de nos craintes partagées en ces temps troublés. Sœur Jeannette utilise des mots qui soulignent nos relations humaines : confiance, voyage, risque, peur, responsabilité et mission.

C'est un défi pour elle de partager son histoire avec des étudiants américains et internationaux aux États-Unis. Avec humilité et honnêteté, elle raconte son enfance, une histoire de déplacement lorsque sa famille fuit son pays d'origine, le

Tchad, pour se réfugier d'abord au Cameroun puis en République centrafricaine. Ces voyages et déplacements l'ont façonnée. Elle décrit sa vie comme « merveilleuse » et « douloureuse » à la fois et insiste sur le fait qu'elle doit aux autres la personne qu'elle est devenue.

Lorsque Sœur Jeannette est arrivée à Avila, elle avait auparavant travaillé avec des migrants, des demandeurs d'asile et des groupes de jeunes en Algérie, comprenant bien leurs conditions de vie précaires. Elle avait notamment participé à l'organisation d'activités et de rencontres pour les femmes migrantes et leurs enfants. L'idée était de susciter une interrogation, personnelle et collective, et d'encourager un engagement pour la paix et la justice : discuter des problèmes et des manières de les résoudre sans recourir à la violence, et tenter de les mettre en œuvre ensemble.

En apportant ces compétences dans les cours à l'Université Avila, Sœur Jeannette a répondu à des questions et encouragé le dialogue des étudiants sur toute une variété de sujets. Surprise par l'ampleur des tensions raciales qui persistent aux États-Unis, elle entend les histoires et les sentiments que lui partagent les étudiants afro-américains et y réfléchit, dans un pays qui n'est pas encore à la hauteur de la réalité de paix et de justice pour tous. Par sa présence et son écoute attentive, les étudiants s'ouvrent à elle et expriment leurs peurs, leurs expériences, leurs découragements et leurs espoirs de la vie quotidienne. En plus d'écouter humblement, elle les exhorte à poursuivre le défi de continuer le combat pour la liberté et de manifester dans le monde la diversité américaine.

Interrogée par des étudiants d'Avila sur sa définition de la paix et comment devenir un·e artisan·e de la paix, elle explique que, pour elle, « La paix est le fruit de l'amour, de la vérité, de la justice et du respect des droits des personnes et du bien commun ». Elle plaide pour un éveil des consciences, « non seulement la conscience de chaque personne mais aussi la conscience collective de notre société ». Sœur Jeannette souligne ensuite la nécessité de la durabilité mondiale. Nous devons respecter la Terre-Mère qui soutient l'Humanité. Elle lance un appel à elle-même et aux autres à aller au-delà du changement d'habitudes personnelles pour comprendre l'interdépendance humaine au niveau mondial et devenir une citoyenne du monde.

Réfléchissant à l'héritage spirituel et de service de sa congrégation, les Sœurs de Saint Joseph, elle partage sa fierté de l'audace et du courage des sœurs qui ont fondé l'Université Avila. Sœur Jeannette voit le travail de sa congrégation comme un moyen de partager l'expérience de libération et de la liberté et de nous rendre « plus humaines ». Se référant à la Constitution de sa congrégation, elle écrit que les sœurs de Saint Joseph « désirent partager, avec leurs proches et toute l'Humanité, cette vie, ce bonheur, cette liberté, afin que chacun reconnaisse et ressente la dignité humaine, la divinité et la communion ».

Dans un monde laïque désespérément à la recherche de sens au 21e siècle, les sœurs de Saint Joseph illustrent un héritage de travail acharné, de sacrifice, de compassion, d'intentions résolues et pacifiques, et profondes dans leur pertinence et leur simplicité. Voilà un modèle de survie sur la planète. Sœur Jeannette représente le meilleur de cette tradition – un héritage vivant, un cadeau pour nous tous.

Carol K. Coburn, PhD
Professeure émérite en études religieuses à l'Université Avila et Directrice du Centre héritage CSJ de l'Université

Foreword

I met Sister Jeannette Londadjim in August 2017, when she became the first Activist-in-Residence for the Buchanan Initiative for Peace and Nonviolence (BIPN) at Avila University in Kansas City, Missouri, in the United States of America. As a faculty consultant for the BIPN and a historian of Catholic sisters, I was delighted to welcome a Sister of St. Joseph and a grassroots activist for peace and nonviolence to our campus.

Our goal was to provide opportunities for respite and reflection for our activist and an opportunity for her to spend ten weeks at the University to interact with faculty, staff, students, and the Kansas City peace and justice community. Sister Jeannette exceeded our hopes for dialogue, cultural exchange, and learning, so important to a university community.

Encouraged by her interpreter and now friend Kathryn Toure, she began a journal to document, reflect on and eventually share her time as Activist-in-Residence. Her writings developed into this book, a microcosm of her time and reflections at Avila. She takes the reader on a journey of faith, hope, interculturality, and ways in which peace and nonviolence can be actualized in local and global venues. Sister Jeannette's essays are a testament to our shared humanity, hopes, and fears in these times of change. She uses words that underscore our human connections: trust, journey, risk, fear, responsibility, and mission.

She challenges herself to share her story with American and international students studying in the USA. With humility and honesty, she tells about her childhood experience of displacement, when she and her family flee their home country of Chad to take refuge first in Cameroon and then in Central

African Republic. She affirms that these "travels and displacements shaped me." She describes her life as "wonderful" and "painful" at insists that "Who I am today, I owe to others."

When Sister Jeannette came to Avila, she was working with immigrants, asylum seekers and youth groups in Algeria, relating all too well to their precarious life circumstances. She facilitated activities and encounters that empowered immigrant women and young people to analyze and understand the causes of their problems, commit to peace and justice, and find ways to resolve the problems without resorting to violence.

Bringing those skills to the Avila classroom, Sister Jeannette answered questions and promoted student dialogue on a variety of issues. Surprised about the depth of ongoing racial tensions in the United States, she ponders stories and feelings of alienation and racism shared by African American students, in a country that still has to live up to the reality of peace and justice for all. Students, sensing her presence, interest, and concern, opened up to share everyday experiences, fears, despondencies, and hopes. Sister Jeannette deeply listened, validated their experiences and emotions, and also challenged them to continue the "ancestors' fight for freedom" and to manifest American diversity to the world.

When asked by Avila students about her definition of peace and how she became a peacemaker, she explained that, for her, "Peace is the fruit of love, truth, justice, and respect of human rights and the common good." She advocates for an "awakening of consciences – not only the conscience of each person but also the collective conscience of our society." Sister Jeannette goes on to stress the need for global sustainability. We must be at peace with and respect Mother Earth who sustains humanity. She challenged herself and others to go beyond changing personal habits to understand human interdependence at a global level and become a citizen of the world.

Reflecting on the spiritual and service heritage of her congregation, the Sisters of St. Joseph, she shares her pride in the "boldness and courage" of the sisters who founded Avila University. Sister Jeannette sees her congregation's work as a way to share the experience of liberation and freedom and make us "more human." Referring to the Constitution of the sisters of St. Joseph, she explains how the sisters "want to share with kinfolk and the whole of humanity this life, this happiness, this freedom, so that everybody recognizes and experiences human dignity, divinity and fellowship."

In a secular world desperately searching for meaning and purpose in the twenty-first century, the Sisters of St. Joseph exemplify a legacy of hard work, sacrifice, compassion, and purposeful and peaceful intentions, profound in their relevance and simplicity. This seems to be a model for survival on the planet. Sister Jeannette represents the very best of this tradition – a living legacy, a gift to all of us.

Carol K. Coburn, PhD
Professor Emerita of Religious Studies
Director of the CSJ Heritage Center
Avila University

La confiance, première pierre de construction de la paix !

Incroyable mais vrai ! Je suis à Kansas City. Il faut dire que je n'y croyais pas tout à fait ! Et pourtant, si, j'y suis.

« Tout faire comme si tout dépendait de moi et non de Dieu. Et m'en remettre à lui comme si tout dépendait de lui, et rien moi ! »[2]

Confiance est le maître mot de ce voyage. Il est de l'ordre du don, un don reçu et accueilli. Mystère de la relation à Dieu, mystère d'un Dieu partenaire de l'Homme, mystère de la relation entre les humains. Sans confiance, il ne se passe rien… pas de risque pris pour aller à la rencontre de l'autre, voire du Tout Autre, Dieu lui-même !

Une annonce lancée aux sœurs de Saint Joseph, membres de l'équipe internationale Justice et Paix. J'y ai réagi. Par respect d'ailleurs, histoire de considérer l'autre qui a pris la peine de tendre la perche ! Et c'est parti !

Dialogue, en des langues inconnues, dialogue d'hommes et de femmes qui croient que la paix et la non-violence se construisent en apprenant des uns et des autres… promesse d'un avenir incertain ? Foi de ceux qui osent se lancer : « Qui ne risque rien n'a rien » paraît-il !

Accueil, puis recul. Annulé et repris… Jusqu'au moment où il faut s'engager, donner parole !

Oui, donner sa parole, c'est faire confiance en la parole de l'autre, c'est sceller une alliance sur la parole ! Mais comment

---

[2] Pour de plus amples informations sur cette maxime, voir : www.jesuites.com/hevenesi

donner sa parole quand on est dépendant des autres et de leurs moyens ? Peut-on donner sa parole et s'y tenir ?

J'aime être cohérente avec mes dires mais ce n'est pas toujours évident ! « Je vais essayer ! » Telle a été ma réponse !

Voilà ! J'ai essayé et me voici. Mystère de Dieu, mystère de l'humain qu'est la confiance !

Oui, confiance à l'inconnu, confiance à un projet qui nous dépasse : la construction de la paix et de la non-violence ne peut être qu'une œuvre de confiance mutuelle !

Que dire ? Sinon que je viens une fois de plus d'expérimenter que Dieu est le premier à nous faire confiance. À sa suite, nous nous risquons aussi les uns envers les autres.

Et alors, les peurs et les résistances tombent ! On grandit en liberté intérieure et on se découvre *responsable*. Oui, responsable de la confiance qui nous est faite par les autres, responsable de la confiance qui nous est faite par Dieu.

Je découvre ainsi que je suis bien en route pour ma mission de paix et de non-violence, car la confiance est la première pierre de construction de la paix.

Il ne me reste plus qu'à ouvrir grands mes yeux pour voir, pour découvrir, pour percevoir…

Ouvrir grandes mes oreilles, mon cœur et mes mains pour accueillir et recueillir ce qu'il me sera donné de vivre.

Apprendre la langue de l'autre, cheminer avec lui pour progresser dans la connaissance mutuelle.

Témoigner de mon expérience d'engagement pour la justice et la paix. Témoigner surtout de ce Dieu fait homme qui nous veut pour la vie, et nous révèle que la vie se donne en se rencontrant !

Trust, the Cornerstone of Peace

Incredible but true. I'm in Kansas City! I must say, I didn't absolutely believe it would happen.

What if I'd acted like everything depended on me and not on God, or left everything to God, as if nothing depended on me?

Trust sustains this journey. It is a gift, received and welcomed. It is part and parcel of the mystery of the relationship with God, the mystery of God as partner of human beings, and the mystery of relations between people. Without trust, nothing happens… no risk is taken to meet the other, and even the totally Other, the Creator!

An announcement was shared with the sisters of St. Joseph, specifically the members of the international Justice and Peace team. I responded, mainly out of respect for the person who had brought it to my attention. And now, here I am!

I am dialoguing in a new language with men and women who believe that peace and nonviolence are built by learning from one another. I am with people open to the promise of an uncertain future. She who risks nothing gains nothing, it seems. Encountering others takes faith.

Leading up to my travel, there was excitement and ambivalence, a sense of welcome and of retreat. Until the moment one must commit oneself, give one's word!

Yes, to give one's word is to trust the other's word. It seals a covenant. But how does one give her word when she is dependent on others and their means? Can one give and then keep one's word?

I like to be coherent with my words, but it's not always obvious. "I will try!" Such was my answer.

I tried and here I am! Mystery of God, mystery of fellow human beings in whom we trust!

Yes, trust in the unknown, trust in a project which exceeds us: building of peace and nonviolence!

What can I say? Except that I experienced once again how God is the first to trust. Then we too risk trusting one another.

Fears dissipate. Resistance departs. One grows in internal freedom and discovers oneself as "responsible." Yes, responsible for the trust others have in us and the trust God puts in us.

I find, thus, that I am indeed on my way for my mission of peace and nonviolence, for trust is the cornerstone of peace.

It remains only to open my eyes, to see, discover, perceive… Open my ears, my heart, and my hands to receive and fully experience what will be given to me to live.

I will try to learn the language of my new neighbors and walk with them to grow in mutual knowledge.

This is how I hope to witness to my commitment to justice and peace. And witness above all to this God made human who loves us for life and reveals to us that encountering one another is life giving.

On m'a demandé de parler de moi

Interview avec M. James Wright,
du Bureau de marketing et de la communication de l'Université

« Pouvez-vous parler de vous ? »

Parler de moi ? Pas facile de parler de soi. Impression de se déballer, de se mettre à nu devant des inconnus… Pourquoi ?

Pour la « bonne cause ! »

« Cela aidera les étudiants et professeurs à vous connaître et à vous approcher, dans le cadre de l'Initiative Buchanan pour la paix et la non-violence[3] ».

D'où me vient donc cette soudaine *crainte* à parler de moi, de mon expérience de vie ? Pourtant, « c'est pour cela que je suis venue » a dit quelqu'un avant moi.

Ne pas se dérober à sa mission et y faire face. C'est Victor Hugo qui disait : « Quand je vous parle de moi, je vous parle de vous. Comment ne le sentez-vous pas ? ».

Parler de soi, c'est assumer notre histoire. Une histoire faite de choses merveilleuses, mais aussi de choses douloureuses, des choses qui nous ont blessées.

Parler de soi, c'est reconnaître sa part *de mal, peut-être de malheur* infligée aux autres, mais c'est aussi reconnaître, accueillir, assumer et apprendre du mal subi, apprendre des blessures qu'on nous a faites.

---

[3] Programme débuté à *Avila University* à Kansas City en 2016, grâce à une donation d'une ancienne étudiante de l'Université, afin d'élargir les horizons des étudiants et de renforcer leur culture de paix, et leur compréhension et leur expérience de la non-violence.

Parler de soi, c'est faire mémoire des souvenirs qui nous ont construits, d'une histoire de fidélités et d'infidélités. C'est mon histoire, mais une histoire qui implique d'autres personnes.

En parler, c'est reconnaître les gestes, les paroles, les choix qui m'ont construite. Alors, oui, je veux parler de moi pour partager, pour dire et communiquer le chemin de vie qui a été le mien. Une vie sans doute singulière et ordinaire. Mais une vie tout de même ! Je suis comme chaque être humain, une personne unique et magnifique.

Ce que je suis, je le dois aux autres… Des témoignages de vie m'ont formée et forgée. La vie des autres a motivé et nourri mon expérience et mes engagements. Lorsque leur expérience de vie a rejoint la mienne, elle m'a éclairée et renforcée dans mes convictions. Cela m'a encouragée et fait grandir en liberté, en libération et tout simplement en humanité !

Communiquer cette expérience de liberté et de libération, c'est contribuer à *humaniser* aussi les autres.

Cela me fait penser à la Constitution des sœurs de Saint Joseph. Elles désirent partager, avec leurs proches et toute l'Humanité, cette vie, ce bonheur, cette liberté, afin que chacun reconnaisse et ressente la dignité humaine, la divinité et la communion.

Voilà le sens que je donne à mon expérience « d'activiste en résidence » à *Avila University* !

I Was Asked to Talk about My Life

Interview with Mr. James Wright of the
Office of Marketing and Communications of the University

"Could you tell me about your life?"

Speak about myself? Uh, that's not so easy. Why would I unpack and reveal myself before unknown people?

For a "good cause" apparently.

"It will help students and teachers to know you and approach you in the context of the Buchanan Initiative for Peace and Nonviolence[4]."

---

[4] This initiative brings students, academics, and activists together to raise a generation that has the nonviolent tools it needs to make peaceful social change possible.

Where did this sudden fear come from? Fear of speaking about myself and my experience of life? A voice inside me whispered, "Isn't it for this that you have came here?"

One must not shirk from one's mission but face it. Victor Hugo explained: "When I speak to you about me, I speak to you about you. How can you not feel it?"

To speak about oneself is to assume history. Stories of wonderful and of painful things that have shaped us.

In speaking about ourselves, we acknowledge our share in others' troubles and recognize that we too have suffered from evil and learned from ensuing wounds.

To speak about myself is to recall memories of what has built me, a story of faithfulness and unfaithfulness, but it is my story.

To speak about my life is to acknowledge the gestures, words, and choices that have constructed me. In that case, then yes, I want to speak about myself, that is, share, tell and talk about this path of life which is mine. A life no doubt odd and ordinary. But a life nonetheless!

Who I am today, I owe to others. Testimonies of life have fed, formed, and forged me. Others' lives have motivated and inspired my experience and commitments. When experiences of others meet mine, I am guided and encouraged and strengthened in my convictions. I am liberated. Freedom grows in me, and I grow, quite simply, in humanity.

Sharing experiences of struggle, liberation and freedom humanizes us.

The thought of sharing about my life makes me think of the Constitution of the sisters of St. Joseph, which explains how we want to share with kinfolk and the whole of humanity this life, this happiness, this freedom, so that everybody recognizes and experiences human dignity, divinity and fellowship.

Such is the meaning I wish to bring to my experience of "activist in residence" at Avila University.

3

Comment en suis-je venue
à ce travail pour la paix ?
Rencontre avec les étudiants de littérature

Comment en suis-je venue à ce travail pour la paix ? Vaste question ! Très souvent, les prêtres et laïcs que je côtoie ou rencontre dans les réunions Justice et Paix sont étonnés et surpris de me voir bien au fait de la vie politique nationale ou internationale dans les discussions et échanges.

Une des questions qui leur vient presque toujours à la bouche, c'est : « Vous êtes religieuse, mais d'où vous vient cette passion pour la politique ? Pour la justice et la paix ? ». Je ne sais pas comment répondre, je suis souvent embarrassée pour donner une réponse simple sans entrer dans le détail de ma vie. Et je réponds en riant que si je n'avais pas été religieuse, j'aurais peut-être fait de la politique…

Mon histoire est simple. C'est l'histoire d'une fille qui est née dans une grande famille. Oui, je suis d'une grande famille, et le quartier où je suis née a été surnommé le « village L. P. » d'après les initiales de mon père « Londadjim Paul ». Je vivais en sécurité et un jour…

Oui, j'ai l'impression d'avoir toujours grandi en entendant parler de la guerre. Seulement, « avant », c'était au loin. Dans mon enfance, on disait : « Les bandits ont attaqué à tel endroit » (au nord du Tchad). « Ils ont brûlé tels et tels villages ! » Mais c'était loin… Et puis, un jour, ce qui se passait au loin était arrivé au plus près.

C'est la débandade, la dispersion… je suis partie d'abord au plus près, revenue, repartie un peu plus loin… puis de plus en plus loin. Ces voyages et déplacements ont formé la femme que je suis devenue. Les blessures, les choses heureuses…

Bref, sur ce long chemin de guerre et de paix, j'ai aussi rencontré quelqu'un, Jésus-Christ. Ce Jésus, je ne le connaissais pas. Quand j'étais enfant et qu'on dormait dans la même chambre que ma mère, elle ne se couchait jamais sans dire « Merci, Seigneur », ni ne sortait de sa chambre le matin sans dire « Merci, Seigneur ». Il nous arrivait alors de demander à ma mère : « Mais à qui dis-tu merci ? » et cette question lui donnait l'occasion de nous parler de Jésus.

Ce Jésus, un jour, va devenir quelqu'un pour moi au point de mobiliser toute ma vie… Ce qui m'a touché dans la vie de Jésus, c'est son humanité, sa manière d'être en relation avec les gens. Et ce qui m'a bouleversé, c'est quand sur la croix, au moment le plus cruel, il a encore une parole de bienveillance, il a le souci des autres : « Père, pardonne-leur, ils ne savent pas ce qu'ils font ». Depuis, cette parole a donné sens à ma vie. Je voulais être comme Jésus, je voulais être un *instrument de son amour*, mais je voulais surtout être son *instrument de paix, de justice et de réconciliation*.

Au début de la guerre du Tchad, on disait que c'étaient les chrétiens du sud et les musulmans du nord qui ne s'entendaient pas. « C'est pourquoi ils se font la guerre ». Depuis, j'ai grandi, j'ai appris, j'ai lu… je fais des recoupements et je découvre que la guerre du Tchad était plus complexe que cela, qu'elle avait des acteurs invisibles étrangers, que c'était la richesse de son sous-sol qui était devenue son problème et le problème de son peuple.

La parole de Dieu m'a fait découvrir que dénoncer le mal sans proposer de solution ne conduit pas à la construction du monde. Depuis, j'apprends aux côtés d'autres à construire la paix bâtie sur l'amour, la vérité et la justice. Mon engagement à Justice et Paix me permet d'éduquer et de former jeunes et moins jeunes à regarder plus loin, à rechercher les causes de leurs problèmes. Recherchant les causes des problèmes, on découvre qu'on a besoin des autres, que c'est dans la complémentarité qu'on gagne la paix durable.

What Inspired Me to Work for Peace?

Conversation with literature students

What inspired me to work for peace?

A big question! Very often, the priests and laypeople I rub shoulders with at Justice and Peace meetings are astonished to see me so up to date in discussions and debates about national and international political life.

One of the questions which comes nearly always to their lips is: "You're a nun. Where does this passion for politics come from? This passion for justice and peace?"

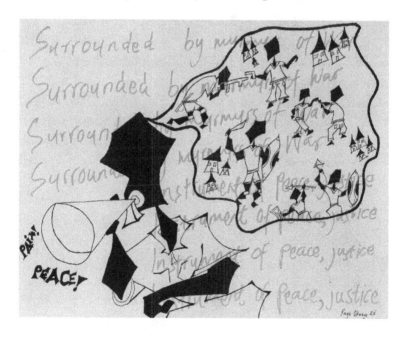

I never know how to answer. I am embarrassed to give a plain answer, without getting into the details of my life. So I answer laughing, saying that if I had not been a nun, I probably would have gone into politics...

My story is simple. It is the story of a girl born in a big family. Yes, I am from a big family. The neighborhood where I was born was nicknamed L. P. Village, after my father, Londadjim Paul. I was living there safely, until one day…

I grew up surrounded my murmurs of war. In the beginning, it was far away. In my childhood, I used to hear: "Bandits have attacked such-and-such a place (in northern Chad). They have burnt down such-and-such a village." It was all so far way… And then, one day, what was happening far away came close.

Stampede of people, dispersion… we fled, returned, fled farther, and then farther and farther away. These travels and displacements shaped me. The wounds, the happy things…

During that long journey of war and peace, I met somebody, Jesus Christ. I had not known him before. When I was a child, and we were sleeping in the same room with my mother, she never went to bed without saying, "Thank you, Lord." Nor did she leave her room in the morning without saying, "Thank you, Lord." Sometimes, we asked her: "Who are you thanking?" This question gave her the occasion to tell us about Jesus.

This Jesus, someday, would become somebody for me, so much so that he would mobilize all my life. What touched me in Jesus' life is his humanity, his way of relating with people. What upset my life is when, on the cross, at the cruelest moment, he still had a kind word for his fellow human beings: "Father, forgive them. They do not know what they are doing." That moment gave meaning to my life. I wanted to be like Jesus. I wanted to be an instrument of his love. Above all, I wanted to be an instrument of peace, justice, and reconciliation.

People used to say that Christians in the South and Muslims in the North disagreed, and that is what led to the war in Chad. Since then, I grew up, read a lot, and grew wiser. I learned that the war in Chad was much more complex and involved invisible foreign actors. I learned that it is the underground riches of Chad that became the problem of the country and its people.

The Word of God made me discover that denouncing evil without proposing any solution does not lead to the construction of peace. From then on, I learned to learn alongside others. With young people and less young people, we ask questions and look for the causes of problems. In so doing, we discover that we need each other. It is in cultivating understanding about how our differences are complementary that we are able to balance each other out and gain durable peace.

4

La paix exige la conversion du cœur

Entretien avec les étudiants de droit

« Quelle est votre définition et vision de la paix ? Et comment devenir artisan·e de la paix ? »

Grandes questions ! De mon expérience, je dirais que la paix n'est pas la tranquillité. La paix met en mouvement ou conjugue quatre valeurs humaines universelles.

Je pense à la vérité, à la justice, à l'amour, et au pardon. Plus que l'absence de guerre et de conflit, la paix touche l'ensemble des relations harmonieuses entre les personnes, et celles des personnes avec l'environnement, qui doit être respecté. La paix concerne aussi les conditions de vie et d'existence. La paix est le fruit de l'amour, de la vérité, de la justice et du respect des droits des personnes et du bien commun.

La paix exige de chaque citoyen la conversion du cœur quelles que soient sa religion et ses convictions. Cette conversion ne peut rester purement intérieure. Elle doit se traduire nécessairement par des actes extérieurs, par un comportement social nouveau. Il s'agit de changer des relations sociales moins humaines en relations plus humaines. Mais quelles sont ces relations sociales moins humaines et plus humaines ?

Nous connaissons plusieurs types de relations moins humaines :

- Manque de sens de ses responsabilités ;
- Manque de conscience professionnelle ;
- Manque de rigueur dans les questions d'argent ;

- Oubli de ses obligations sociales, manque de respect de l'autre, etc.

Ces relations moins humaines engendrent un climat de méfiance, de désengagement, de compétition sans scrupules.

Les relations plus humaines sont des relations basées sur le respect de la personne, de ses droits, de ses croyances, etc. Ce respect est le fruit de la conversion du cœur. Son exercice constant crée entre les citoyens un climat de paix et de confiance mutuelle.

Pour favoriser ces relations plus humaines, conditions de la paix, il faut un réveil des consciences, non seulement la conscience de chaque personne mais aussi la conscience collective de notre société. En effet, il ne suffit pas de disposer d'un code de lois bien élaborées et adaptées, il faut encore que ces lois soient appliquées. Des pratiques contraires à la loi peuvent devenir à ce point fréquentes qu'elles entrent dans les habitudes de la population et deviennent pour ainsi dire des « lois » non écrites, connues et acceptées comme telles et transmises de façon tacite ou de bouche à oreille. Ce sont ces lois non écrites qui, en ce moment, faussent les relations humaines sociales et en font des relations moins humaines, sources de conflit et de manque de paix.

Un exemple : le manque de conscience professionnelle ou du sens de sa responsabilité. Dans nos pays à nous autres, dès qu'un gouvernement change, les nouveaux ministres nommés arrivent avec de nouvelles personnes. Il y a ceux qui sont proches et qui viennent pour profiter, et il y a aussi ceux qui sont amenés pour travailler à la place de ceux qui n'ont pas de compétences. Et cela est de plus en plus systématique, lorsqu'il n'y a pas d'alternance démocratique de huit à dix ans.

Un deuxième exemple, plus généralisé, c'est la corruption dans l'administration publique, et cela à tous les niveaux de la hiérarchie. Ces comportements engendrent la méfiance, le désengagement, où le bien commun au sens de la nation n'existe plus, du moins pour ce qui est de mon pays.

Il ne suffit pas de condamner ces pratiques, il faut les remplacer par l'application de lois plus humaines. Or, ces lois plus humaines existent. Elles ont été codifiées dans la législation de chaque pays.

Travailler à créer des relations plus humaines passe par la réhabilitation de la loi écrite. Cette réhabilitation doit porter en particulier sur certains principes fondamentaux du droit. Tout citoyen doit connaître ces principes pour vivre. Cela contribue à rendre plus humaines les relations des citoyens entre eux. Cela contribue également à rétablir la paix sociale en amenant toutes les personnes à vivre en PAIX ensemble.

From Less to More Human Relations

Interview with peace studies students

"What is your definition of Peace? And how does one become a peacemaker?"

Wow. Those are big questions! From my experience, I'd say that peace is not peacefulness. Peace sets in motion and combines four universal human values, namely truth, justice, love, and forgiveness.

More than the absence of war and conflicts, peace has to do with the whole of harmonious relations among people, and between people and the environment, which is respected. It also has to do with the conditions of life and existence. Peace is the fruit of love, truth, justice, and respect of human rights and the common good.

Peace demands from every person a conversion of heart, whatever their religion or convictions. This conversion cannot only be internal. It must be expressed through external acts and new social behaviors. It is a question of changing less human relations into more human relations. We know about less human relations, for example:

- Lack of a sense of one's responsibilities;
- Lack of professional conscience;
- Lack of rigor in questions of money; and
- Forgetting one's social obligations, lacking respect for others, etc.

These "less" human relations can generate a climate of mistrust, of disengagement, and of competition without scruples.

More "human" relations are based on respect for the person and their rights and beliefs. Such respect is the fruit of a conversion of heart and creates a climate of peace and mutual trust.

To promote these more human relations, which are conditions for peace, we need an awakening of consciences – not only the conscience of each person but also the collective conscience of our society.

It is not enough to have a corpus of laws well elaborated and adapted. The laws must be applied and evolved over time. Deeds contrary to the law can become so recurrent and accepted that they are not even questioned but rather regularly practiced, reinforced, and transmitted. This distorts human and social relations and makes them less human and sources of conflict and lack of peace. It is not enough to condemn the situation. We must ensure the application of laws and the ongoing evolution of an inclusive justice system.

Creating more human relations requires respect for fundamental rights and principles, which are well documented. To have harmonious relations among people and social peace, every citizen must know these principles and help make them come alive.

5

Le racisme n'est pas fini aux États-Unis

Une des choses qui m'a le plus frappée et étonnée, dans les échanges que j'ai eus avec les étudiants, c'est de constater que le racisme n'est pas fini aux États-Unis. Je croyais que c'était de l'histoire ancienne et que le combat des anciens avait libéré leurs enfants. Mais non !

J'ai eu mal de voir que le racisme pratiqué envers les Noirs est toujours prégnant et qu'il empoisonne la vie quotidienne. L'arrivée au pouvoir du président Trump semble avoir donné un nouvel élan à des groupes de personnes qui prônent encore aujourd'hui la suprématie des blancs sur les Noirs ou plutôt sur les Africains-Américains, pour reprendre la dénomination choisie par ces derniers. C'est comme si les citoyens de race noire étaient coupables d'être américains.

Je me suis sentie démunie devant ces jeunes. J'ai essayé de chercher à connaître ce qui les habite, leurs rêves, leurs aspirations au bonheur et à l'avenir :

- J'ai l'impression qu'ils veulent en finir avec le racisme dans le pays mais sont d'avance découragés par les structures tenaces qui ne changent pas et perpétuent la « servitude » des Afro-Américains. Certains sont tiraillés entre la révolte et l'abandon par désespoir.
- Ils ont le grand désir d'aller à la rencontre de leurs concitoyens, mais en même temps ils sont maintenus dans une sécurité – ou parfois une non sécurité – communautaire.
- Ils aspirent au bonheur et à la réalisation de grandes choses pour leur pays, pour leur communauté.
- Mais cette situation qui ne change pas a fait qu'en tant que jeunes, ils n'ont pas de rêves communs, communautaires au sens large, mais le désir de réussir individuellement, d'un accomplissement personnel, d'un repos.
- Ils sont jeunes, mais ils portent sur leurs épaules cette « guerre » des races qui les fatigue.

Le rêve de ces jeunes pour l'égalité et la justice, Martin Luther King l'a proclamé lors de la marche sur Washington de 1963 et celles de 1965, de Selma à Montgomery, en Alabama, demandant des droits civiques. Avant cela, il y avait eu en 1955 et 1956 l'important boycott des bus de Montgomery, qui a commencé avec l'action de Rosa Parks, pour protester contre la ségrégation raciale. Les jeunes arriveront-ils à réaliser leur rêve ?

Un virage s'impose, car la paix sociale et la stabilité de la démocratie américaine dépendent en grande partie de l'instauration de rapports nouveaux, fondés sur la justice.

Puissent les jeunes Américains dans leur ensemble, qu'ils soient afro-américains ou blancs, arabes, asiatiques, hispaniques ou indigènes, épouser et réaliser le rêve de Martin Luther King et aussi d'Ella Baker pour une Amérique encore plus grande ! C'est ce que je vous souhaite de tout cœur.

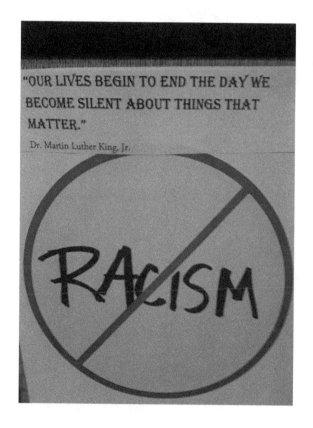

Racism Is Still Alive in the USA

One of the things that most shocked and surprised me, in my meetings with students, was to learn that racism is virulently present in the USA. I thought it was old history and that the ancestors' fight for freedom had liberated their children. But alas, nothing could be further from the truth.

It hurts me to see that racism is practiced toward Blacks and that it poisons daily life. The coming to power of President Trump seems to have given a new impulse to groups of people who call for white supremacy. I also wonder why Black Americans call themselves "African Americans," as if they are guilty of being American.

I felt helpless in front of these youngsters. I tried to know what they are made of, their dreams, and their aspirations for happiness and the future:

- I got the strong impression that they want to put an end to racism in their country but are disheartened by persistent structures, which do not change, and which carry on a sense of servitude. Some are torn, between hope on the one hand and despair and abandonment on the other.
- They have a strong desire to reach out to their fellow citizens but are maintained in their community security, or non security.
- They long for happiness and for realizing great things for their country, their community…
- But the persistence of racism means that these young people have no common, community dreams, in the broad sense; they yearn for personal accomplishment and success, and for rest.

• They carry on their shoulders the vestiges of centuries of systemic racism. It is disheartening to see and sense the strain and the toll it takes on them, even in their young adulthood. And to see others so unknowing and carefree.

The dream of these young people for equality and justice is not dissimilar from the yearnings made famous by Dr. Martin Luther King, Jr. during the 1963 March on Washington, and subsequent marches from Selma to Montgomery, Alabama, in 1965. Those built on the Montgomery bus boycott of 1955 and 1956. Will these young people achieve the dream?

A turning point and a makeover are necessary. Social peace and the stability of America's democracy depend in large part on establishing new relations based on justice, between the heirs of those who enslaved people and those of the victims of decades of servitude. My hope is that young Americans all together, Black, White, Arab, Asian, Hispanic, and Native, espouse and realize the dream of Martin Luther King, and of Ella Baker, for a still greater America! This is what I wish for them with all my heart.

6

À Kansas City,
c'est la fête de la lumière tous les jours !

Qu'est-ce que je découvre à Kansas City ? Beaucoup de choses, mais une chose qui me frappe vraiment, c'est qu'ici à Kansas City, c'est la fête de la lumière tous les jours…

Pourquoi ? Eh bien, là où j'habite, ce ne sont pas les bougies qui illuminent l'immeuble de jour comme de nuit, mais des petites lampes électriques. Qu'il fasse soleil avec un ciel bleu ravissant ou qu'il fasse sombre !

Cela étonne un peu quand on sait aujourd'hui que nous sommes « tous » invités à économiser l'énergie. Cela m'interroge et me questionne à l'heure des « développements durables » ou « de l'économie durable » !

À la différence du vieillard Siméon qui peut rendre grâce et laisser monter son chant de louange et de gloire à Dieu, en moi s'élève une interrogation : comment se fait-il ? Les premiers jours, j'ai cherché sur mon palier les boutons d'interrupteurs, mais rien… Alors, j'ai essayé de demander aux voisins croisés sur le palier, aux personnes qui m'entourent… Ça a fait sourire, ça a étonné que je cherche à éteindre ces lumières. L'air de dire, « Ici c'est comme ça » !

Oui, cela m'interroge et me questionne. À l'heure où on parle d'économie d'énergie dans nos pays qui en ont très peu, ici j'ai l'impression qu'on en a trop et qu'on peut gaspiller. Comment l'économie de ma petite consommation quotidienne peut-elle contribuer au bien de l'Humanité quand je vois que les lumières de tout un lotissement restent allumées jour et nuit, et, j'imagine, 365 jours sur 365 ?

Me vient en mémoire le questionnement des associations autour du développement durable : « Notre mode de vie est-il durable ? » Cela pose la question de la responsabilité personnelle et collective de cette économie d'énergie, de la protection de notre environnement. C'est de cela qu'il est question, non ? Le pape François dit que tout est lié.

Comment fait-on société avec les autres ? Avec le monde dont on est une petite partie? Est-ce que les problèmes du monde sont aussi les miens ? Est-ce que les problèmes et les combats que mène le monde pour la protection de l'univers, de « notre Maison commune » comme dit le pape, sont aussi les miens ?

Comme le disait Elena Lasida dans une conférence aux religieuses à Paris : « *En fait, on sépare trop la question environnementale de nos modes de vie, de nos manières de vivre ensemble, de nos projets de société. Et si la question environnementale se réduit à fermer le robinet quand on se brosse les dents, à éteindre la lumière quand on sort d'une pièce, ou à éteindre l'ordinateur quand on ne l'utilise pas, on peut dire : oui, on est responsable de la gestion des ressources naturelles, mais en fait, cela revient juste à changer quelques habitudes mais cela ne changera grand-chose à nos projets de société* ».[5]

Comme jeunes appelés à être des responsables de demain, comment recevez-vous ces paroles ? En tous cas, en ce qui me concerne, curieusement, cette parole ne me laisse pas en paix. D'une certaine façon, ces paroles d'Elena viennent donner un sens à mes gestes et me révèlent que ma mission ne s'arrête pas seulement à un changement de mes habitudes personnelles.

---

[5] Source : « La responsabilité sociale et environnementale d'une communauté religieuse... » (p. 9) pour une rencontre du 4 mars 2009 à Paris du Comité Catholique contre la faim et pour le développement (CCFD) Terre Solidaire. https://ccfd-terresolidaire.org/IMG/pdf/2009rseunecommunautreligieuse.pdf

Que ma responsabilité de citoyenne devrait aller plus loin encore…

Je comprends que mon économie d'énergie ou d'eau doit s'inscrire dans une politique d'ensemble, dans un projet commun de société, si je veux vraiment œuvrer pour la sauvegarde de la planète. Oui, qu'est-ce que nous faisons ensemble sur terre ? Que ce soit avec ceux et celles qui nous sont les plus proches, ou les plus éloigné·e·s ?

Nous sommes interdépendant·e·s. Nous ne pouvons plus nous penser uniquement au niveau local ou national, nous devons nous penser aussi au niveau mondial pour ne pas dire global ! Oui, j'ai encore à progresser dans mes engagements ! Et être ici est une manière d'apprendre à devenir citoyenne du monde !

In Kansas City,
Every Day Is a Festival of Lights!

What have I discovered about Kansas City? Many things. One thing that surprises me is that here in KC, every day is a Festival of Lights!

Why do I say that? Well, where I live, it's not candles that provide light but small electric lamps – even in the middle of the day when there is a radiant blue sky.

This practice somewhat astounds me, when we live together in a world where we must be wise with resources. For me, it raises questions about sustainable development and sustainable economies.

Unlike old Simeon who can give thanks and let his hymns of praise and glory ascend to God, I find questions growing in me. How can this endless brightness persist? In my first days, I looked around the apartment entrance for light switches but found none. I tried asking neighbours I met in the stairwell for help, and other people around me. They merely smiled. It seemed to surprise them that in daytime I sought to switch off the lights. As if to say, regarding the constant iridescent glow, "Oh, that's just how things are here."

I cannot hide my sense of bewilderment. In countries where people have little energy, we talk about conserving it, yet here there seems to be so much that it can be wasted. How can my small daily conservation efforts contribute to humankind's good, when I see the lights of a whole apartment complex shining day and night for, I suppose, 365 days a year?

I am reminded of the lines of questioning of people and organizations working for sustainable development. "Is our way of life sustainable?" This begs the question of personal and collective responsibility for economies in energy and for the protection of the environment. This is what we are talking about, no? Pope Francis says that everything is interconnected.

How do we live in society with others, in this world of which we are a part? Are the world's problems mine too? Is the fight for the protection of the planet, of "our common Home" according to the Pope, mine too?

Elena Lasida shared the following in a lecture to nuns in Paris in 2009: "We separate too much environmental issues from our ways of life, our ways of living together, and our collective initiatives. If environmental issues are reduced to turning off the water when brushing one's teeth, switching off the light when leaving a room, and turning off the computer when not using it, then we can say that, yes, one is responsible in managing natural resources. While this changes a few habits, it does not change much when it comes to collective social action." (translated from French)[6]

---

[6] See: "*La responsabilité sociale et environnementale d'une communauté religieuse...*" (p. 9), a paper prepared for the March 4, 2009 meeting in Paris of the Catholic Committee against Hunger and for Development (CCHD) *Terre Solidaire*, an organization registered in accordance with French law and

Young people, called to be responsible for tomorrow, what do you think of these words? As for me, curiously, they do not leave me in peace. In a way, Elena's words give meaning to my acts and reveal to me that my mission is not limited to just changing my own habits. My responsibility as a citizen of the world goes further.

I understand that my conservation of energy or of water must fit into programs and policies, into a common vision for society, if I really want to work for the preservation of the planet. Yes, what are we doing together on this planet? With neighbors close by and with people faraway from us?

We are interdependent. We can no longer think and act at local or national levels only. We must also think of the whole world and be global. I desire to progress in my commitments and in my acts. Being here is a way of learning how to become a citizen of the world!

operating under the patronage of the French Bishops' Conference.
https://ccfd-terresolidaire.org/IMG/pdf/2009rseunecommunautreligieuse.pdf

7

Les Béatitudes

On a souvent présenté les Béatitudes comme la charte de la vie chrétienne, la charte des « artisan·e·s de paix… », et c'est vrai, à y regarder de près !

« **Heureux**… », qu'est-ce que la paix, qu'est-ce que la non-violence si ce n'est un désir de vivre heureux ! Cette aspiration à vivre heureux et en paix habite le cœur de toute personne, qu'elle soit pauvre, riche, africaine, européenne, américaine, hispanique, ou asiatique ! Le bonheur n'a pas de couleur, d'ethnie, ni de race. Seuls les êtres humains aspirent au bonheur, et non les animaux… d'ailleurs, je n'en sais rien, après tout !

J'ai été heureuse de constater que le texte des Béatitudes a été donné par Jésus dans le cadre d'une instruction : « …il gravit la montagne. Il s'assit, et ses disciples s'approchèrent. Alors, ouvrant la bouche, il se mit à les enseigner ».

Instruction donnée à la foule certes, mais instruction donnée aux intimes, à ceux qui se font *proches* de lui. Cela veut dire qu'il faut apprendre, ce qui ne se fait pas tout seul mais appelle à une adhésion et un engagement. On ne se décrète pas artisan de paix, on le devient.

Pour devenir « artisan » de la paix et de la non-violence, il faut entendre cet appel de l'intérieur, dans l'intimité d'un cœur qui reconnaît sa pauvreté et sa misère, un cœur qui se sait complice du mal parce qu'il se sait humain et faillible. Mais un cœur qui aspire au bonheur durable…

Réentendre ce texte dans le cadre de cette expérience « d'activiste en résidence » à l'Université Avila me fait redécouvrir combien ce texte est effectivement charte de ceux qui aspirent au bonheur de la paix et de la non-violence.

« **Heureux les pauvres de cœur** ». Il faut un cœur pauvre pour reconnaître que la paix est un don de Dieu, et qu'il faut beaucoup d'humilité pour accepter d'y collaborer. Avoir un cœur de pauvre, ce n'est pas croiser les bras et attendre que ça tombe du ciel. La paix est un travail, et le cœur pauvre sait de plus que ce n'est pas seulement par la force de son désir et de son travail que la paix adviendra.

C'est en se mettant en mouvement vers…, en ouvrant les bras, les mains, le cœur aux autres que la paix peut advenir. La paix est le fruit d'une *addition de nos charismes personnels*. Elle est le fruit d'une solidarité… Oui, mettre nos compétences en commun ne nous appauvrit pas. Au contraire, cela nous enrichit doublement, sinon triplement ou plus ! Alors, oui, heureux ceux qui savent qu'ils ne sont rien sans les autres, heureux ceux qui reconnaissent que leurs richesses sont en Dieu et dans la « fraternité universelle » pour emprunter l'expression de Charles de Foucauld.

« **Heureux les doux** ». Ici, c'est la non-violence. Le doux est celui qui se sait violent et qui a traversé sa violence pour la contenir, non pas dans une tension mais dans l'acceptation libre et paisible de ce qu'il est en vérité. Le doux est celui qui a su traverser sa colère dans l'accueil et la compréhension de l'autre parce qu'il a éprouvé ses propres limites. C'est la douceur de celui qui sait qu'il est aimé tel qu'il est et qu'il n'a pas besoin de correspondre à une image. Se savoir aimé tel que nous sommes nous pacifie et nous rend doux.

« **Heureux les cœurs purs** ». La pureté a à voir avec la transparence. Être transparent à Dieu et aux autres, c'est être en « connexion » pour reprendre un mot très à la mode aujourd'hui ! C'est n'avoir aucune zone d'ombre dans notre relation à Dieu et aux autres. Cela rejoint un des piliers de la paix qu'est la Vérité. Vérité non pas de celui qui sait tout et qui l'impose à tous, mais vérité de la simplicité qui sait s'accorder, s'ajuster aux autres dans une relation authentique.

« **Heureux les affligés... les affamés et assoiffés de justice** ». Heureux celui qui se laisse toucher par les cris de ceux qui sont victimes d'injustice, ils seront artisans de la justice et de la paix.

« **Heureux les miséricordieux** ». Seule la compassion, l'amour véritable peut nous sortir de nos conforts pour rejoindre le combat de ceux qui souffrent – ces affamés, ces assoiffés de justice. Oui, heureux ces derniers, car ils sauront se reconnaître dans la souffrance de Jésus ! C'est cet amour qui ne s'arrête pas à nos différences, ni à nos actes mauvais, qui nous rend artisan·e de justice et de paix.

The Beatitudes

Very often The Beatitudes are presented as the charter of Christian life and of Peacemakers. This is true if we look closely. Blessed are the poor in spirit. Blessed are the meek. Blessed are the pure in heart. Blessed are those who mourn and who hunger and thirst for righteousness. Blessed are the merciful.

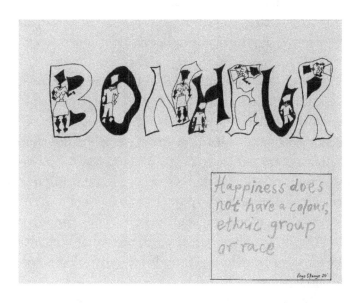

What is peace and nonviolence if not a desire to live a blessed life? The longing to live happily and in peace resides in everyone's heart, whether poor or rich, African, European, American, or Asian. Happiness does not have a color, ethnic group, or race. Humans, not animals, yearn for happiness… but what do I know about that!

I appreciate how Jesus shared The Beatitudes when teaching. "When Jesus saw the crowds, he went to the mountainside and sat down. His disciples came to him, and he began to teach them."

He was teaching the crowd, granted, but the teachings were also meant for his friends, to bring them closer to him. This means that one must learn, but learning is not enough. It leads to adhesion and commitment. One does not decree oneself a peacemaker. It comes about over time.

We hear a call from inside to become a "maker" or artisan of peace and nonviolence. A call in the intimacy of a heart which acknowledges its poverty and misery. In a heart which knows itself as a partner in evil because of human frailty and fallibility. But a heart which longs and aspires for joy.

Rehearing The Beatitudes in the context of this experience as "activist in residence" at Avila University helps me rediscover how much this text is, indeed, a guide for those who long for the happiness that flows from peace and nonviolence.

"**Blessed are the poor in spirit**" or in heart. You need a humble heart to acknowledge that peace is a gift of God and to accept to collaborate for peace. To have a humble heart is not to fold one's arms and wait for what falls from heaven. Peace is work, and the poor of heart know that it is not only by the strength of their desire and their work that peace will come about.

It is by putting things in motion, by opening one's arms, hands, and heart to others, that peace can happen. It is the accumulation of our personal charisms. Peace is the fruit of solidarity. Putting together our abilities does not impoverish us. On the contrary, it enriches us manifold times! So, yes, blessed are those who know that they are nothing without others. Blessed are those who acknowledge that their riches are in God and in universal fraternity, to borrow an expression from Charles de Foucauld.

"**Blessed are the meek**." That's nonviolence! The meek have encountered their own violence and contain it, not with tension but with acceptance and the peace of self knowledge. They have experienced their own limits and learned to calm their wrath by welcoming and understanding others. They know they are loved and do not have to live up to or match a certain image. Knowing that we are loved as we are pacifies us and makes us gentle.

"**Blessed are the pure in heart**." Purity has to do with transparency. To be transparent to God and others is to be "connected," as we say nowadays! It is to have no shadow zone in our relationships with God and others. Purity rejoins one of the pillars of peace, which is Truth. Truth not in the sense of one who knows everything and imposes it on others but truth in the simplicity which adjusts and accords with others in authentic ways.

"**Blessed are those who mourn... who hunger and thirst for righteousness**." Blessed are those who let themselves be touched by the shouting of the victims of injustice. They will be artisans of Justice and Peace.

"**Blessed are the merciful**." Only compassion and true love can take us out of our comfort, to join the combat of those who suffer and hunger and thirst for justice. Yes, blessed are these, for they will be able to recognise themselves in Jesus' suffering! It is this love which does not stop at our differences or at our bad actions which makes us artisans of Justice and Peace.

8

Mon expérience de réfugiée et de migration forcée

pour un séminaire avec 200 personnes, particulièrement les étudiants de 1ère année d'études universitaires[7]

Vous me demandez de partager avec vous mon expérience de réfugiée… et j'ajoute volontiers celle de la migration.

Tout d'abord, permettez-moi de vous dire que pour venir à Kansas City depuis l'Algérie, où j'habite, située au nord de l'Afrique, j'ai migré. Peut-être que ma migration ici est temporaire, et faite en sécurité, mais néanmoins, j'ai quitté mon pays pour venir jusqu'ici ; donc je suis migrante[8] à Kansas City, pour trois mois.

C'est une migration temporaire et limitée dans le temps, mais la route est longue pour venir jusqu'ici. Il faut se lever « de bon matin » comme on dit chez nous. Cela veut dire qu'il faut beaucoup de volonté et de courage pour voyager vers vos pays dits « développés ». Il y a sans doute une grande peur des pays nantis aujourd'hui vis-à-vis des citoyens des pays dits pauvres

---

[7] « Ben dis donc. Elle assure, avec 200 personnes ! Ouaaah ! à l'américaine, comme dirait Jacques Tati ! » (commentaire de la relectrice en France, comme dans le journal *Libération*, à ses belles heures, quand les différents ouvriers pouvaient ajouter des notes).

[8] Migrante, comme Seydou l'est ou l'a été à Paris, à 3860 kilomètres de chez lui, https://iamamigrant.org/fr/stories/france/seydou. Sauf que lui a eu une vue romantique de Paris et à l'arrivée a été choqué. Moi, par contre, j'avais imaginé une Amérique violente et j'ai été surprise de rencontrer autant de personnes qui exerçaient activement leurs droits démocratiques et s'engageaient dans l'action sociale. À Kansas City, j'étais migrante, #iamamigrant, à 8000 ou même 10,000 kilomètres de chez moi.

comme les nôtres.[9] Les entraves pour nous, visiteurs et migrants, sont nombreuses : administratives et juridiques, sociales, psychologiques, matérielles, etc. Il faut non seulement de la volonté, mais aussi de l'argent, et beaucoup d'argent. Bref, je ne suis pas là pour vous parler de cette problématique en général, mais mon histoire personnelle s'y rattache.

Oui, j'ai été réfugiée, mais j'ai eu aussi dans ma vie à m'occuper de réfugiés, demandeurs d'asile et migrants. En regardant les choses avec du recul, je dirai que le fait d'avoir vécu en refugiée m'aide aujourd'hui dans ma manière d'être

---

[9] La peur n'existe en fait que chez certaines personnes (souvent insécurisées) des pays nantis, et cette peur est entretenue par certaines personnes au pouvoir, qui, elles, voient d'un bon œil la présence de migrant·e·s, qui deviennent de la main d'œuvre (corvéable car sous pression), pour toutes sortes d'emplois: infirmier, médecin, agriculteur, livreur, ouvrier sur les chantiers, femme de ménage, aide à domicile, etc.

avec les personnes qui migrent, quelles que soient les raisons qui les ont mis en route.

Quand on fuit la guerre, on fuit pour se mettre à l'abri, et en général, on fuit en direction opposée aux coups de feu ou aux bombes. Dans mon expérience, au début, on n'était pas allés loin parce qu'on espérait que les choses allaient vite s'arranger et qu'on reviendrait vite à la maison. Et de fait, oui. Nous avons passé le fleuve pour nous mettre à l'abri au Cameroun, et nous sommes revenus au bout d'une semaine. Et puis finalement, non. Les choses ne s'arrangeaient pas, les règlements de compte ont commencé.

On commence à imaginer, à chercher des stratégies pour continuer à vivre sous les bombes, et c'est quand on ne tient plus, que le danger est là, à tout moment, en tous lieux, qu'on cherche à aller au loin.

Dans ma famille, comme je l'ai dit, nous avions traversé le pont pour aller au Cameroun. Or, à l'époque, le pont n'était pas comme aujourd'hui ; beaucoup de gens ont pris des pirogues et sont morts. Puis nous sommes revenus du Cameroun et sommes repartis vers le sud du pays, puis enfin nous avons traversé les frontières du Tchad vers la Centrafrique.

Nous avons fui vers la République centrafricaine parce que nous y avions des attaches. Et je peux dire avec du recul que nous avions cette chance que beaucoup d'autres réfugiés n'avaient pas. Ma mère était originaire de Centrafrique, et mon père y avait une maison parce que son commerce l'amenait souvent dans ce pays. Donc, même si on fuyait les mains vides, on savait que si on arrivait au but sans être tués, on ne serait quand même pas à la rue ni sous les tentes durablement. Quand on fuit la guerre, on ne part pas en faisant des projets. On avise les choses au jour le jour… chemin faisant !

Dans notre fuite, à un moment du voyage, on avait perdu ma mère. C'est parce qu'on avait faim qu'on l'avait perdue. À une étape du voyage ou de la fuite, les gens qu'on croisait avaient acheté de la nourriture, et en se renseignant, ma mère est allée tenter sa chance pour nous rapporter quelque chose à manger. Pendant qu'elle y était, on a commencé à entendre des coups de feu de plus en plus proches, donc on a fui avec les gens qui passaient par là et qui nous disaient de ne pas rester là. Le soir, l'inquiétude nous a saisis – pas de maman, pas d'eau, rien à manger.

Le souvenir que je garde de cet épisode, avant qu'on ne retrouve ma mère, c'est que le soir, on est arrivés dans une plantation tous fatigués. On avait soif, on avait faim. Donc, on s'était arrêtés pour demander de l'eau parce qu'on avait vu un puits. Et le monsieur qui gardait ce champ nous avait demandé qui on était. Quand il a su, il nous a pris avec lui. Il nous a donné à manger, et nous a gardés sous sa protection. On a su beaucoup plus tard qu'il connaissait bien mon père, avec qui il avait travaillé, et que mon père l'avait beaucoup aidé. Heureusement, de campement en campement, on s'est quand même retrouvés avec ma mère et le voyage vers l'exil s'est poursuivi.

Les villageois que nous avons rencontrés ont apaisé nos pieds, gonflés de la marche. Ils les ont massés avec du sel et du beurre de karité. Puis ils les ont couverts avec de la terre pendant la nuit. Le matin, l'enflure avait diminué et nous pouvions continuer notre voyage à travers la forêt.

Aujourd'hui, qu'on soit réfugié, demandeur d'asile ou migrant économique, tout le monde est mis dans le même sac. Quand on dit émigration, migration, immigration, migrant… ces mots sont connotés. Ils sont suspects et les personnes sont suspectées avec les mots. Être migrante et être refugiée, ce n'est cependant pas la même chose.[10] Malheureusement, les lois et mesures politiques aujourd'hui font que les populations des pays nantis ne font plus la différence. Qu'on soit refugié ou migrant économique, nous sommes devenus une menace, un problème pour les pays d'accueil. Or, celui qui vient se chercher (pour reprendre une expression ivoirienne qui signifie « qui vient chercher une meilleure vie économique ») et celui qui fuit la mort ou le danger, ce n'est pas la même chose, ce n'est pas pareil. Aujourd'hui, je me demande, je me pose des questions… peut-être que vous allez m'aider à trouver les réponses.

Les migrants et réfugiés sont un « problème » pour les Nations Unies, pour les pays d'origine et pour les pays d'accueil. On parle de « crise » et on cherche à résoudre cette crise devenue mondiale. Mais ce qu'on ne cherche pas, et qui me pose question, ce sont les *causes* de cette « crise ». Pourquoi ? Si les gens partent en bravant la mort, c'est qu'il y a une raison !

Dans la guerre de mon pays, on nous a dit que c'était une guerre de religion entre nordistes musulmans et sudistes chrétiens et animistes. Que les sudistes intellectuels étaient au pouvoir depuis longtemps sans le partager avec les musulmans du nord ; et que les musulmans voulaient donc, à leur tour, prendre et occuper le pouvoir. Aujourd'hui, devenue adulte, je

---

[10] La question est complexe. Tout le monde a droit au même accueil. On a le droit de fuir la pauvreté, car c'est tout à fait digne de vouloir une meilleure vie. Mais certaines personnes soulignent la double peine des réfugiés de guerre : ils ont failli perdre la vie, ont parfois perdu des proches, en tous cas leur pays, et ils ne sont pas accueillis, reconnus dans leurs malheurs spécifiques. Ceci dit, cela est encore un bénéfice, hélas, pour certaines personnes au pouvoir, que les démunis se divisent encore. Je me permets de mettre ce lien, plein de guides à ce sujet : www.lacimade.org/publication/?type-publication=petits-guides

découvre qu'il y a bien d'autres causes véritables à cette guerre qu'une simple histoire de religions.

Parmi les souvenirs que je garde de mon expérience de réfugiée, il y a l'impression qu'on n'existait comme « personnes » que derrière une étiquette : celle de « réfugiés » ou de « migrants ». Même les choses qu'on nous donnait portaient le même nom dans la bouche des populations qui nous accueillaient. Par exemple, dans les camps, quand l'aide a commencé à être organisée par le HCR[11], on recevait des toiles, bassines, bidons pour conserver l'eau, moustiquaires, pots pour boire, etc. Or, pour changer un peu le menu quotidien, si vous étiez une famille nombreuse comme c'était notre cas, vous pouviez vous organiser pour revendre un ou deux objets reçus pour acheter une denrée autre et améliorer votre menu. La précarité rend inventive et créative !

Eh bien, les articles vendus provenant des dons reçus du HCR, ces populations locales les appellent aussi « réfugiés » ou « HCR ». Donc, « réfugiés » c'étaient à la fois des choses et des personnes. Tout cela fait partie des violences, des blessures qui sont faites aux personnes et qu'il faudrait accueillir et traverser pour continuer à vivre, puisque nous avions fui pour la vie et non pas pour la mort. Aujourd'hui, je sais que cette violence a un nom : c'est la stigmatisation, la chosification des personnes, et je dirai même le dénigrement puisqu'on nous appelle du même nom que les choses qu'on utilise !

Autre souvenir qui me revient encore et que j'ai retrouvé en arrivant à Alger : c'est la manière dont les populations locales et les organisations internationales ou associatives locales accueillent les personnes qui arrivent. Il est vrai que ça

---

[11] Le Haut Commissariat des Nations Unies pour les réfugiés (UNHCR voire **HCR** en anglais) est maintenant connu sous le nom de l'Agence des Nations Unies pour les réfugiés.

fait un grand bien, quand on arrive, de trouver des gens attentifs, disponibles et généreux qui se mettent à notre service. Ça fait chaud au cœur. Ça remet un peu d'humanité dans le calvaire vécu sur la route de l'exil, et on en a besoin. Mais au bout d'un moment, quand on s'est remis du choc, de la fatigue, plus que tout au monde, le réfugié ou migrant aspire à retrouver une vie plus ou moins normale dans l'anormalité de sa situation.

Un don n'est vraiment don que dans la réciprocité. Mais souvent, qu'est-ce qu'on constate ? Les personnes qui se mettent à notre service ne veulent pas recevoir nos services en retour. Ils ne veulent pas entrer en relation avec nous[12]. Comme si l'étiquette « migrant » ou « réfugié » rendait les gens incapables de relation, de réciprocité.

Les organisations veulent bien que les gens leur racontent leur vie. Cela soulève de l'émotion et peut-être les rend généreux dans le sens de soulager leurs consciences en donnant des vivres ou des biens matériels. Mais il y a cette attitude de les tenir à distance, de ne pas se mélanger avec eux, de ne rien recevoir d'eux. Ou alors, si on veut qu'ils travaillent, on leur propose des tâches dégradantes qu'on ne veut pas faire (beaucoup à dire sur ce sujet). Et s'ils osent entreprendre, mettre en avant leur savoir-faire, cela suscite jalousie, préjugés et accusations injustes (les prisons d'Afrique du nord sont remplies de migrants et réfugiés subsahariens accusés injustement). Or, ce qui aide à se construire, à recommencer à

---

[12] En France, il n'est pas toujours simple de prêter assistance à un migrant, et l'on a pu voir des poursuites et des condamnations pour cela. Voir : www.amnesty.fr/focus/delit-de-solidarite

croire en la vie, c'est de se sentir utile. La participation est un principe inhérent à la dignité humaine.[13]

Pour terminer (j'ai peur d'être longue), je voudrais dire que les migrants ou réfugiés sont des personnes qui cherchent tout simplement un lieu pour vivre en paix et sécurité. Ce sont des *personnes*, même si elles sont différentes par la langue, par la culture. Et la meilleure manière de les aider, c'est de transformer nos peurs et nos émotions en engagement concret. C'est ce qui m'a conduit à cet engagement pour la justice et la paix aujourd'hui. Donner de son bien c'est bien. Mais donner de son temps, pour que l'autre devienne de plus en plus lui-même, est la meilleure manière d'aider. Cela prend du temps, cela passe par de longs moments d'écoute, de rencontre, peut-être parfois aussi d'impuissance parce qu'on ne sait pas quoi faire pour aider quand on est à l'écoute de l'autre.

Toute personne a besoin d'aide pour s'en sortir, mais le chemin de la paix et de la sécurité véritable est tracé par chaque personne réfugiée ou migrante elle-même. Aider vraiment les gens, c'est les mettre en capacité de se réaliser eux-mêmes. Cela revient, pour emprunter les mots du pape François, à faire jouer ensemble quatre verbes :

Accueillir, qui signifie avant tout offrir aux migrants et aux réfugiés de plus grandes possibilités d'entrée sûre et légale dans les pays de destination (cela nous dépasse suivant les politiques des pays, mais c'est à cela qu'il faut tendre).

Protéger. J'aime souvent dire qu'une vraie charité s'établit dans la justice. Il s'agit donc de mener des actions pour la défense des droits et de la dignité des migrants ainsi que des réfugiés, indépendamment de leur statut migratoire.

---

[13] Voir d'ailleurs ce petit guide : *Lutter contre les préjugés sur les migrants*, par l'Association la Cimade, www.lacimade.org/wp-content/uploads/2016/10/La_Cimade_Petit_Guide_Prejuges_2016.pdf

Promouvoir, dans le sens d'œuvrer pour que les migrants et les réfugiés, ainsi que les membres des communautés qui les accueillent, soient mis en condition de se réaliser en tant que personnes, dans toutes les dimensions qui composent l'humanité (échange, don, travail, loisirs, etc.).

Intégrer, c'est-à-dire se rencontrer, se découvrir, bref, se donner mutuellement des opportunités d'enrichissement interculturel, car c'est en apprenant les uns des autres que les préjugés et les peurs tombent.

Voilà ! On ne fait pas le bonheur de l'autre sans lui, dit un adage. En offrant ces conditions pour que les personnes deviennent elles-mêmes, c'est aussi le pays d'accueil qui se réalise avec eux et à travers eux. C'est un vrai défi qui n'entre pas forcément dans les programmes des politiques. Or c'est un risque que chaque citoyen qui aime son pays doit prendre. Car c'est le chemin de la paix ! Comme le dit Fatou Diome, une Franco-Sénégalaise : « On parle beaucoup des problèmes que pose la migration, mais on ne parle pas assez des avantages de la migration »[14].

Si je peux me le permettre, un pays comme le vôtre, les États-Unis d'Amérique, doit avoir beaucoup à apprendre au monde entier sur la réussite ou les avantages de la migration, parce que vous êtes le fruit d'une histoire de migration, peut-être une histoire douloureuse, mais vous êtes une des premières puissances mondiales et ce n'est pas rien.

J'imagine que les débats actuels sont une occasion pour vous de manifester davantage votre diversité américaine avec fierté pour la proposer au monde. Vous n'avez pas que la puissance économique, matérielle ou financière à manifester. Vous avez aussi la richesse des valeurs du « vivre ensemble »

---

[14] "Fatou Diome tâcle [*sic*] Le Pen, Fillon, 'Marianne porte plainte !'" (2017). www.youtube.com/watch?v=1yJoofYMaT4&feature=youtu.be

de différentes cultures – acquises dans le combat, par la sueur et le sang, par vos aïeul.e.s – à offrir au monde.

Montrer qu'il y a eu une histoire douloureuse d'esclavagisme et de racisme, certes. Montrer aussi que l'intégration de chaque groupe de personnes fait de vous un grand pays, une grande nation. Ceux qui relèveront ce défi, qui panseront à jamais, je l'espère, la douleur de votre histoire, c'est vous, la jeunesse de ce pays !

My experience of forced migration and being a refugee

for a seminar with over 200 people,
including the university's first-year students

I have been asked to share with you my experience as a refugee. Let me begin with my story of migration to Kansas City. I migrated from where I live in Algeria, in North Africa. I traveled in relative safety, with documentation that allows me to cross borders. I nevertheless left my country to be a migrant[15] in Kansas City for three months.

This migration is limited in time, but the road to get here is still long. Many people from Africa are afraid of rich countries like yours. You have to "get up early in the morning," as we say in French, meaning it takes a lot of courage and determination to travel to "developed" countries like yours. Besides willpower, it also requires money, quite a bit of money.

But I'm here to talk with you about my personal story, before I knew about Kansas City.

---

[15] In Kansas City, I was a migrant, #iamamigrant, 8000 or even 10,000 kilometers from my home, a migrant, like Seydou is or was in Paris, 3860 kilometers from his home country, https://iamamigrant.org/fr/stories/france/seydou, except that he had a romantic view of Paris and upon arrival was shocked to experience discrimination. I, on the other hand, had imagined a violent America and was surprised during my stay to see so many people exercising their democratic rights and engaging in social action.

— — —

Fleeing war

Yes, I was a refugee. And I have worked with refugees, asylum seekers, and migrants. In retrospect, I realize that having lived as a refugee helps me in relating with people who migrate, regardless of the reasons that set them in motion.

When you flee war, you seek shelter. Generally, you flee in the direction opposite gunshots or bombs. In the case of my family in Chad, at first, we did not go far. We hoped things would get resolved and calm down, so we could quickly get back home. We went west from the capital city and crossed the river to seek shelter in Cameroon. The bridge was not impressive like it is today. Many people fled in canoes and unfortunately drowned.

After a week, we returned home, but things did not stay calm for long, and we found ways to live in the midst of constant shoot-outs and bombings. Before long, however, there was danger all around, all the time. We couldn't stand it any longer. That is when families flee.

My family fled south this time, toward the Central African Republic, known as CAR, because we have relatives there. Looking back, I realize we were luckier than many others who were fleeing. My mother was a native of CAR, and my father had a house there because of his work as a tradesman. Even if we ran empty-handed, we knew that if we reached the border without being killed, we would not be homeless or in tents for long.

When one flees war, one does not plan. We took things day by day and improvised along the way. Villagers we met soothed our feet, swollen from walking all day, by massaging them with salt and shea butter and burying them in the earth at night. By morning, the swelling had receded, and we could continue our journey through the forest.

At one point in our flight, we lost my mother. We were hungry, and so my mother, with information from others who had food, tried her luck to find us some. While she was away, we heard shooting getting closer and closer. Passersby told us not to stay there. We fled. In the evening, anxiety gripped us. We had no mother, no water, and nothing to eat. We were tired, thirsty, hungry, and worried.

Days later, before we found my mother, we saw a well in a field and stopped to ask for water. We were thirsty and hungry again, and very tired. The man who guarded the field asked who we were. When he heard our names, he took us with him. He gave us food and shelter and looked after us. I learned much later that he had worked with my father and that my father had helped him out.

We went like that from encampment to encampment. Fortunately, my mother caught up with us at some point, and we continued our journey of exile.

— — —

Perceptions of refugees and migrants

People put refugees, asylum seekers, and economic migrants all in the same bag. The words "migration" and "immigration" are suspect, along with the people engaged in those activities. Whether seeking greener pastures or fleeing for our life, we are seen as a menace. Perhaps you will help me find answers to some of my questions about that.

Migrants and refugees are a "problem" for the United Nations, for countries of origin, and for host countries. We talk about a "crisis," which has become global, and in trying to figure out what to do, we do not ask ourselves about *causes*. *Why* do people migrate? If they brave death, there must be reasons!

— — —

What we were told about the war in Chad

We were told that the civil war in my country was a religious war. A war of power between Muslim northerners and Christian and animist southerners.

Today, I know some of the real causes of the war, beyond this simple story of religions. That is why I ask questions today, about why people are migrating. I invite you to join me in asking questions. And to dig below the surface to seek answers.

— — —

Refugees as both things and people

In fleeing the violence of the civil war in Chad, I sometimes felt like we didn't exist as people. We were hidden behind labels like "refugees" or "migrants." These words came from the mouths of those who welcomed us, and the same words were stamped on the things given to us by the United Nations Refugee Agency (UNHCR). When organized into HCR camps, we received canvasses, mosquito nets, basins and jerrycans to store water, cups to drink from, and so forth.

If you were part of a large family like ours, you could sell an item or two to buy food and vary and improve your diet. Precariousness makes people inventive and creative!

The local people who bought the items we sold called the things we sold "refugees" or "HCR." So, refugees were both things and people.

— — —

Symbolic violence

Using the same words to refer to both things and people is part of the violence that was inflicted and suffered. It hurt emotionally, and we had to heal ourselves later. We welcomed, traversed, and transcended all of that, because we had fled not for death but for life.

How could we be referred to by the same names used for things? Today I deplore such objectification of people, such stigmatization and even denigration. It makes us less human, when we should strive at every opportunity to be more and more human.

I see some of this in Algiers, the capital of Algeria, where I work now. I see it in myself, and in the local people and in people working for international organizations and local associations.

As a migrant from sub-Saharan Africa arriving in Algeria, it is true that you are happy to find people who are attentive, available, generous, and at your service. It is indeed heartwarming. It puts a little humanity back into the calvary of exile. And we need that.

After a while, you recover some from the shock and fatigue. More than anything else, you aspire to regain a more or less normal life, even in the midst of the abnormality of the situation.

– – –

The reciprocity of giving

A gift is not truly a gift if there is no sense of reciprocity. But often, what happens? People who put themselves at our service do not want to receive our services in return. They do not want to connect with us, as if the label of migrant or refugee makes people incapable of relationship, of reciprocity.

Organizations want people to talk about their lives. It is emotional, and perhaps makes people feel generous when they are able to listen. People relieve their conscience by giving food or material goods. But we keep the migrants at bay, not mixing with them. We must not receive anything from them.

If allowed to work, they are given degrading tasks (I've too much to say about this). If they dare put forward their know-how, then jealousies, prejudices, and unjust accusations arise. (Prisons in North Africa are full of sub-Saharan Africans unjustly accused, and, by the way, I hear you have problems with imprisonment here too.)

– – –

Learning to listen and allowing for impotence

What helps someone rebuild themselves and start believing in life again is feeling useful. Participation in community and society is intrinsic to human dignity.

To begin to sum up (afraid of being long), migrants or refugees, no matter their cultures or languages, are people seeking a place to live in peace and security. The best way to be of assistance is to transform our fears and emotions into involvement. This is what I try to do in my peace and justice work. Giving of what you have is good. But giving of yourself, of your time, is what helps someone become more and more themselves. It takes time. It involves loads of listening and of encountering self and other. Sometimes it involves impotence because one does not know what to do to help.

Every person needs help to get by. Each migrant or refugee must also walk their own path to peace and security. Really helping means capacitating people to realize themselves.

– – –

The way to peace

The way to peace, according to Pope Francis, has to do with welcoming, protecting, promoting, and integrating migrants and refugees.[16]

Welcoming means offering migrants and refugees broader options for safe and legal entry into host countries.

Protecting has to do with justice and means defending the rights and dignity of migrants and refugees, independent of their legal status.

Promoting means ensuring that migrants and refugees, and people in the communities that welcome them, are empowered to achieve their potential as human beings, in all dimensions of their humanity (including family and broader social relations, gifting, education and learning, work, and leisure).

Integrating means discovering each other and sharing opportunities for cultural enrichment. It is by learning from one another that prejudices and fear dissipate. This lengthy process shapes societies and cultures.

---

[16] See "Message of His Holiness Pope Francis for the 104th World Day of Migrants and Refugees 2018," w2.vatican.va/content/francesco/en/messages/migration/documents/papa-francesco_20170815_world-migrants-day-2018.html

– – –

Vivre ensemble

Voilà! There is a saying that your happiness cannot be made without you. When a host country makes it possible for people to be themselves, the host county is enriched with and through newcomers. It is a real challenge and goes beyond national policies. It is a risk that every person who loves their country, and our common humanity, must take.

It is the way to peace! As says Fatou Diome, a writer from Senegal and France, there is much talk about the problems of migration and not enough about its benefits.[17]

You and your country are the fruit of migration and have a lot to teach the world about integrating newcomers and the benefits that ensue. Successive migrations have forged you and your nation.

If I dare say, I think the current debates are an opportunity for you to show your diversity proudly to the world. Without that diversity, where would you and your country be economically and culturally? You have true wealth in seeking to live together – v*ivre ensemble*.

---

[17] See: "*Fatou Diome tâcle [sic] Le Pen, Fillon, 'Marianne porte plainte !*'" (2017). www.youtube.com/watch?v=1yJoofYMaT4&feature=youtu.be

We know the painful history of racism in your country. Certainly. Those who meet this challenge can help heal forever these pains of your past and present. I hope you youth are social healers!

9

Justice et paix en Algérie

Les étudiants m'ont demandé de leur parler de mon travail : « Parlez-nous de votre action pour la justice et la paix en Algérie ».

« Justice » et « paix » sont deux mots, si souvent employés. Ils changent de sens dans la bouche des gens. Tout dépend du lieu où l'on se situe pour employer ces mots. Si je me réfère à ma propre histoire et à celle de mon pays, je me souviens qu'à l'époque, le gouvernement, composé à majorité de nordistes musulmans, parlait de paix et de justice. Il se situait dans une perspective de sécurité. Alors que les gens du sud en parlaient dans une perspective de reconnaissance de leur citoyenneté. Comme Tchadiens du sud, nous étions devenus ou plutôt considérés comme des étrangers. Mieux, nous étions devenus des « serviteurs » corvéables à merci de nos frères du nord. Ce sont eux qui avaient l'argent et le pouvoir, et nous, nous avions la politique, faite pour exécuter et servir.

La guerre, je le comprends finalement, n'est pas d'abord un problème à résoudre mais un drame de personnes qui ne se sentent pas compris.

Je suis profondément touchée par les échanges avec différents groupes d'étudiants ici à *Avila University*. Et je réfléchis et repense à ces paroles prononcées souvent durant la messe : *Peace be with you!* La paix soit avec vous !

Il faut se battre pour la justice et la paix. Mais il est difficile d'intervenir quand on n'a pas cerné la culture et la manière de vivre et de fonctionner des gens dans une société. C'est en cela que l'art peut être un moyen, une médiation qui permet de mener ce combat.

J'ai participé à deux expériences différentes de culture et de construction de la paix et de la justice en Algérie avec les femmes – dans le cadre de mon travail au Centre spirituel des Jésuites et au Centre de promotion féminine des sœurs salésiennes.

Pour moi, la justice et la paix sont transversales à toute situation, il faut en avoir conscience. À partir de là, toute action peut devenir action de construction de la paix ou de combat pour la justice et la paix. Tout dépend de la manière dont on aborde les choses.

Au Centre spirituel, on propose trois activités ouvertes à tous, mais il se trouve que les femmes sont majoritaires dans ces activités : la poterie, l'art floral et la peinture. L'objectif de ces journées est de nourrir notre vie spirituelle et de faciliter le dialogue entre les femmes, dans un environnement où elles osent s'exprimer et ne craignent pas d'être jugées, ou trahies. C'est un réel espace d'expression et de liberté, je dirais. En général, les femmes qui participent à une matinée d'activités artistiques découvrent le besoin d'approfondir des réflexions entamées.

Grâce à ces femmes, j'ai osé proposer un weekend sur le thème du racisme et un autre sur le « vivre ensemble » entre personnes de différentes religions, orientations sexuelles, etc. Il y a ainsi des sujets tabous, alors qu'ils sont importants, parce que par exemple la méfiance vis-à-vis de l'autre, l'exclusion, constituent des menaces pour la paix sociale. Auparavant, je ne m'autorisais pas à les aborder. Mais ces journées artistiques vécues entre femmes ont libéré la parole et révélé la nécessité d'en parler plus largement que seulement entre femmes.

J'ai eu une autre expérience au Centre de couture des sœurs salésiennes. En allant dans ce centre, mon objectif était de recueillir des informations pour bâtir des plaidoyers pour une association qui défend le droit des femmes. Quand j'ai commencé à amorcer un échange avec les femmes algériennes qui fréquentaient ce centre, elles m'ont fait comprendre qu'il n'y avait pas tellement de problèmes. Leurs discours étaient très positifs. Elles estimaient être des femmes respectées dans leurs foyers, et avoir toute leur liberté.

Du coup, j'avais l'impression que mes questions pour amorcer un partage tombaient comme un jugement. Ça en avait d'ailleurs blessé certaines, parce que ma question s'immisçait dans leur vie familiale qui, par définition, est d'ordre privé.

C'est par hasard, en les sollicitant pour une proposition faite pour les jeunes, qu'elles se sont senties concernées... ou du moins, que ça a déclenché « la parole vraie » entre nous.

En Algérie, il n'y a pas beaucoup de distractions pour les jeunes gens, pas vraiment d'espaces ou de lieux de rencontres pour eux. Même si l'État a construit des maisons de jeunes, il ne s'y passe pas grand-chose, à y regarder de près. La seule distraction, ce sont les matchs de football, qui, souvent d'ailleurs, suscitent beaucoup de violences. Le jour où il y a un match, les gens se calfeutrent chez eux, ou alors on est pressé d'être chez soi avant la fin du match. La situation est devenue si inquiétante que le gouvernement a commencé à faire des sensibilisations à la radio.

C'est dans ce contexte que je me suis dit, avec d'autres, que je pouvais aussi proposer de faire des choses avec des jeunes. L'idée était de former quelques jeunes à la non-violence afin qu'ils deviennent à leur tour des ambassadeurs de la non-violence auprès des autres jeunes de leurs quartiers. J'ai demandé conseil aux mamans. Je leur ai demandé si elles avaient des enfants qui pourraient suivre la formation ? C'est là qu'elles ont commencé à parler de leurs propres problèmes de violence conjugale, de discriminations dont elles sont victimes, sans avoir un lieu ni un espace pour en parler, et sans savoir comment en parler.

La sœur responsable du Centre et moi, nous nous sommes vite senties démunies à l'écoute de ces femmes, pour la plupart bardées de diplômes et pourtant conditionnées et enfermées par leurs cultures religieuses et sociétales. Faut-il vraiment se sentir fortes et porteuses de solutions ? J'ai découvert qu'il fallait être faible, sans réelle possibilité d'action, pour que la solution émerge d'elles. On peut aggraver une situation de non-paix si on ne sait pas décoder la culture. Être à l'écoute et permettre l'expression de leurs situations difficiles a été la seule mission de paix exercée dans ce centre.

Écouter et susciter l'échange entre elles ont été le seul engagement pour la paix pour moi dans ce cadre-là. Cet engagement est celui de considérer chaque femme comme une sœur... et comme potentiellement sœurs entre elles. Elles sont très différentes les unes des autres et ne se situent ni ne pratiquent leur religion de la même manière. Bien que toutes musulmanes, elles sont différentes les unes des autres, dans leurs pratiques religieuses et dans leurs relations sociales.

Bref, se rencontrer, arrêter de juger des manières de faire des autres pour faire valoir le respect et le bien-être, se parler pour s'accueillir différentes, tisser peu à peu des liens de confiance pour se partager des souffrances... telle a été ma mission pour la justice et la paix en Algérie.

Il n'y a pas de paix sans justice. Mais il n'y a pas de justice sans parole échangée. Faire jaillir la parole a été ma seule action pour la paix, la justice et la non-violence !

Justice and Peace Work in Algeria

The students asked me to tell them about action for justice and peace in Algeria…

The words "justice" and "peace" are so often used and can have different meanings for different people, depending on the situation. In my country, for example, the government was comprised of Muslims from the northern part of the country. They spoke of peace and justice from a perspective of security. Southerners spoke of peace and justice from a perspective of recognition of their citizenship. As Chadians from the south of the country, we had become, or rather were considered, almost as foreigners and as servants for the needs of our northern brothers and sisters. Money and power were concentrated in their hands, and we were to be at their service.

War, I have finally realized, is not first and foremost a problem to be solved but a tragedy of people not being understood.

I have been deeply touched by conversations with groups of students here at Avila University. I have also been reflecting on the words so often shared at Mass: "Peace be with you."

We must fight for justice and peace. But how can we if we do not understand cultures and people and their ways of living and doing in society? Art can be a medium and a gateway in this regard.

I experienced two different approaches to culture and the building of peace and justice with women in Algeria: one in the context of my work at the Jesuits' spiritual centre and one at the women's support centre founded by the Salesian Sisters.

For me, justice and peace are a dimension of every situation. Every action is an opportunity to build or fight for peace and justice.

At the spiritual centre, we propose three activities open to anyone, but it so happens that women are the main participants. We propose pottery, flower art, and painting. The idea is to nourish the spiritual dimension of humanity – so people dare to express themselves. It is a space of real dialogue and freedom, I'd say. Generally, the women who spend a morning invested in the artistic activities discover a deep need to continue the reflections begun.

Thanks to these women, I dared organize a weekend about racism and another about pluralistic living, i.e. with people of different religions, sexual orientations, etc. Before, I had not dared address these issues, even if ignoring them is a threat to social peace. The creative activities we shared, however, liberated words and revealed the need to speak about these topics more widely and not just among women.

I had another experience at the sewing workshop run by the Salesian sisters. I went there to gather information for advocacy activities for an association for women's rights.

I initiated conversations with the women, who gave me the impression that there were no problems. Their talking was full of positivity. They are respected in their households and at liberty to pursue their ambitions. I had the impression that my questions felt like a judgement and that my presence was somehow injurious, because my questions introduced myself into the private matter of their family life.

It was by chance, in proposing an activity for young people, that I felt something come alive and some "true speaking."

In Algeria, there is little entertainment for youngsters, and no real spaces or meeting places for them. The government constructed youth centres, but you don't find much going on in them. The only entertainment is soccer, and the games generate so much violence. On soccer days, people stay securely at home or rush home before the end of the game. The violence became so worrisome that the government started sponsoring special consciousness-raising announcements on the radio.

In light of this situation, I thought I could, with others, propose something for young people. My idea was to train some young people in nonviolence so they could in turn become ambassadors of peace and nonviolence with other young people in their neighborhoods.

I sought advice from the mothers. Was the idea appropriate? Did they know children who might be interested? It was at this point that they began to speak of their problems of conjugal violence and of discrimination and of not knowing where or how to speak about it.

The sister responsible for the centre and I felt helpless listening to these women, most of whom had obtained one or more university diplomas. They were nonetheless conditioned and restricted by their religious and societal cultures. Is it really necessary to feel strong and as a bearer of solutions? I discovered that you have to be weak, without any real possibility of action, to allow the solution to emerge. One can aggravate a situation of non-peace if one does not know how to decode a culture. Listening to the women talk about their difficult situations was the mission of peace accomplished.

To listen and support discussion among the women was for me the only commitment for peace in that context. This commitment meant considering each woman as a sister… and potentially as sisters to each other.

The women are very different from one another, each with her particular situation. Although they are all Muslims, they have different ways of practicing their religion and relating to others.

In short, not judging others' ways of doing things is important. I tried to meet others in a spirit of respect. We welcomed each other as different, and, little by little, wove bonds of trust and shared experiences of suffering. Such was my mission of justice and peace in Algeria.

There is no peace without justice. And there is no justice without conversation. To make words flow was my only action for peace, justice, and nonviolence!

10

L'Université Avila et l'héritage spirituel des sœurs de Saint Joseph

Que dire de l'héritage spirituel des sœurs de Saint Joseph qui se vit à l'Université Avila ? Avila est le nom d'une grande figure de la vie spirituelle. C'est le nom d'une femme qui a eu l'audace de réformer la vie religieuse monastique de son époque. C'est heureux qu'elle soit la Patronne de votre université, car fonder cette université a été une œuvre d'audace et de courage de la part des sœurs de Saint Joseph de Carondelet.

Si vous me le permettez, je vais jouer avec les lettres du nom « Avila » pour dire quelque chose de ce que j'ai perçu de l'héritage des sœurs ici.

A comme Amour

L'appel à vivre l'Amour est au cœur de la vocation des sœurs de Saint Joseph. Le fondateur Jean-Pierre Médaille disait : « Elles vivront de telle sorte que leur petite congrégation portera le nom de : Congrégation du pur et parfait amour de Dieu et du prochain ». Aimer Dieu et aimer l'Humanité. C'est l'amour au service de la jeunesse américaine dans toute sa diversité, un amour universel accueillant des jeunes venus de partout, d'ailleurs.

Apprendre aux jeunes à s'accueillir mutuellement et à aimer ce monde tel qu'il est, et cela depuis un siècle : l'Université Avila a 100 ans ! Voilà une première chose que je dirais.

V comme Vie

« Communiquer la vie reçue de Dieu » est aussi un point fort dans la vie des sœurs. Les sœurs ont transmis ce qui les faisait vivre. Aujourd'hui, d'autres ont pris le relais. Il y a peu de sœurs qui travaillent encore à l'Université Avila. La mémoire des sœurs fondatrices de l'université, qui ont enseigné ici, est bien vivante, par le combat mené pour que les jeunes de divers horizons apprennent à vivre ensemble. Des laïcs sont devenus, avec les sœurs, responsables de la communication et de la continuation de cette vie. Le « petit arbre » planté il y a plus de 350 ans en France continue d'étendre ses branches. Il a pris racine ici au Missouri et étendra encore ses branches par vous, qui avez été nourris à sa sève, ici à Avila.

I comme Intimité, Intériorité et Intégration

L'intimité avec Dieu. Intériorité pour accueillir les valeurs de la vie. Intégrer Dieu et les autres dans sa vie. Tout cela fait partie de l'aventure à Avila. Pour vivre avec l'autre, qui est différent, j'ai besoin de l'accueillir intérieurement dans ce lieu intime où je suis seul « maître à bord ». C'est dans mon cœur que l'accueil et l'intégration de l'autre et du Tout Autre se fait d'abord. Après, le reste est une question de temps pour se concrétiser. C'est dans cette intimité, où Dieu est seul témoin, que l'autre devient un frère, une sœur, un ami, une amie…

Sa culture, sa religion, sa langue, son style, etc. n'est plus ce qui me dérange mais ce qui éveille ma curiosité et mon apprentissage d'une vie autre que celle que j'ai toujours connue… Progressivement, notre découverte mutuelle nous donne des registres communs, un code de vie que l'Université Avila nous aura permis d'acquérir ! Oui, la vie ensemble est possible, et vivre avec *l'autre* est la grande victoire sur les peurs qui rendent indifférents ! Le défi de la vie ensemble est de s'entraider à devenir de plus en plus humain !

L comme Liens et Liberté

Tisser des liens forts est aussi un point important de la spiritualité des sœurs de Saint Joseph qu'*Avila University* continue de vivre. Ma présence ici dit ce désir de rencontrer et tisser des liens avec d'autres peuples. Et si ces liens sont vécus en vérité, il n'y a plus de peur en vous, entre nous. La rencontre de l'autre différent est souvent un acte de libération pour celui qui s'est affranchi de la peur de l'étranger !

A comme Avenir et Action

Habités par l'amour, passionnés par la vie dans sa dimension d'accueil, d'intériorité et libérés de toutes peurs de l'autre différent, vous êtes prêts pour l'avenir. Vous êtes citoyens du monde. Conscients de vos préjugés, vous pouvez être au service de vos prochains là où la vie vous conduira, riches de cette culture de la vie acquise à Avila ! Voilà ce que j'ai perçu de cet héritage Saint Joseph à Avila.

Avila University and the Spiritual Heritage of the Sisters of St. Joseph

What can I say about the spiritual heritage of the Sisters of St. Joseph at Avila University? Avila is the name of a great spiritual figure – a woman who boldly reformed the monastic religious life in her time. What an honor to have her as the patron saint of your university, the founding of which was a task of boldness and courage for the Sisters of St. Joseph of Carondelet.

If you allow me, I'll play with the letters of the name "Avila" to say something about how I have perceived the Sisters' heritage here.

A like Love (*Amour* in French)

The call to live Love (*Amour*) is at the heart of the vocation of the Sisters of St. Joseph. According to the founder Jean-Pierre Médaille, the congregation was created to manifest the love of God and neighbor. The love here at Avila nourishes youth from near and far and from diverse backgrounds. Avila can celebrate a century of welcoming one another and teaching and learning to love! That is the first thing I'll say.

V like Life (**V***ie* in French)

Communicating the gift of Life (**V***ie*) received from God is another important strand in the life of the Sisters. The Sisters transmitted what sustains them, and today, laypeople have taken up their calling. The memory of the Sisters who founded and worked at the University is alive. The Sisters' commitment to life continues through support to young people – to help them live together, *vivre ensemble*. The "small tree" planted more that 350 years ago in France has taken root at Avila and seen many grow in its shade.

I like Intimacy and Integration

Intimacy with God and Integration of God and others in one's life are part of the adventure at Avila. To live with others different from me, I need to welcome them in this intimate place, where I am the only "pilot" on board. It is first in my heart that I welcome and integrate God and others. What comes next takes time. God is witness to how the other becomes brother, sister, friend, and so on.

The other's culture, religion, language, personality, and style no longer disturb me but awaken my curiosity and my learning of life different from what I have always known. Progressively, our journey of mutual discovery and transformation at Avila gives us common registers and a guide to living life fully. Yes, living together is possible and is the great victory over fears which make us indifferent, which make us "other" to each other. One of the greatest challenges and joys of living fully is supporting one another in being more human.

L like Linkages and Liberation

Cultivating deep and meaningful Linkages with others is another important part of the spirituality of the Sisters of St. Joseph, which is alive at Avila University today. My presence here is evidence of this desire to meet and weave bonds with other people. If these bonds are lived in truth, then there is no more fear in us, no more fear between us. Meeting with others is often an act of Liberation, because, over time, we rid ourselves of the fear of strangers!

A like Action and Future (*Avenir* in French)

Let's review.

Inhabited by
*A*mour (love), passionate about
*V*ie (life), able to welcome others in the
Intimacy of your heart, and, through
Linkages with others, liberated from fears, you are
citizens of the world and ready for loving Action in the
*A*venir (future), ready for what is to come.

More aware of your prejudices, you can sow love and be of service to your neighbor wherever life will lead you. I believe that the rich A-V-I-L-A culture of affirming and celebrating love and life will move with you and inspire meaningful and loving Action.

This is what I have perceived of the spiritual heritage of the Sisters of St. Joseph here at Avila University in Kanas City.

11

Merci pour les encouragements

Je n'ai jamais considéré l'écriture comme une manière de communiquer, et pourtant écrire peut être une forme de dialogue avec les personnes que nous ne connaissons pas.

Qui aurait cru que les petites réflexions mises par écrit pour fixer mon attention, pour résoudre mes incompréhensions, pour exprimer mes émotions, mes découvertes… pourraient parler aux autres ?

Écrire ce que l'on voit, entend, vit, et l'exprimer en toute simplicité peut toucher d'autres personnes. En tous cas, je le découvre dans le cadre de l'expérience d'activiste en résidence. Merci !

Kathryn, tu as raison. L'écriture est sacrée. Elle l'est dans tous les sens du mot. Elle l'est quand nous la lisons. Elle l'est quand nous l'écrivons.

On écrit quand on est triste, heureux ou malheureux. On écrit quand on est amoureux, quand on est embarrassé pour dire les choses, quand on ne veut pas affronter en face son interlocuteur. Bref, on écrit à tous les moments de la vie finalement !

Je pense aux Évangiles, les livres de la Bible où les enseignements de Jésus-Christ et des témoignages sur sa vie sont écrits. Les Evangiles ont marqué ma vie et m'ont fait avancer. Je crois à la force des témoignages, à la force des écritures et à leur capacité de transformation. Les témoignages ne sont pas forcément de l'ordre d'un enseignement, mais ils sont d'abord parole de dialogue avec ses semblables.

Je repensais à ce que disait Reyna Grande, auteure de *The Distance Between Us*. À travers cet ouvrage, elle partage avec nous son expérience de la négociation de frontières et cultures. Oui, par l'écrit, on communique ses croyances, ses convictions, et ses combats. Ceux qui s'y retrouvent comme ceux qui ne s'y reconnaissent pas entrent en dialogue.

Oui, je n'écris pas pour convaincre mais pour vaincre mes propres peurs… pour me dire et me redire ce que je pense et m'efforcer de vivre et de communiquer – comme je l'ai fait, Kathryn, tu vois, avec les jeunes lors de mon séjour à l'Université Avila. Cela m'aide à avancer, à renouveler ma confiance aux autres en acceptant et en reconnaissant mes limites, cela m'aide à croire en moi, en la vie.

Merci, Kathryn ! Je crois qu'il est bon d'avancer dans ce sens, je crois que cela peut être un chemin de fécondité au sens fort du terme. Je pense qu'écrire m'a ouverte à des chemins nouveaux et des perspectives nouvelles. En définitive, l'écriture est une façon, parmi d'autres, de *faire mémoire* et de graver dans les cœurs. Amadou Hampâté Bâ s'est nourri de l'enseignement oral de Tierno Bokar et de sa mère. Hampâté Bâ nous a appris à travers l'enseignement oral[18]. Il a aussi écrit

---

[18] Amadou Hampâté Bâ parle de son mentor Tierno Bokar, www.facebook.com/watch/?v=1741825575833670

de nombreux livres afin de partager des réflexions, transmettre des connaissances. Moi-même je me suis nourrie de l'enseignement oral de ma grand-mère et de nombreuses autres personnes. Je me nourris aussi de l'écrit. Je peux aussi écrire. On peut aussi écrire.

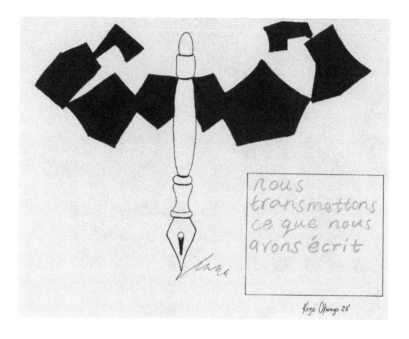

nous transmettons ce que nous avons écrit

On dit qu'une personne est vraiment morte quand les vivants l'ont oubliée. Alors, on peut écrire, pour laisser une trace, communiquer même après sa mort. *Thank you again!*

Thank You for the Encouragement

I never considered writing as a way of communicating. Now I realize it's a form of dialogue. Who would have thought that small reflections put in writing to focus my attention, resolve my misunderstandings, express my emotions, and describe my discoveries could speak to others?

Writing what we see, hear, and experience and expressing it honestly is a way to reach others. In any case, I discovered this as part of my activist-in-residence experience. Thank you!

Kathryn, you're right. Writing is sacred, in every sense of the word. It is when we read it. It is when we write it.

We write when we're sad or happy or unhappy. We write when in love, embarrassed or hesitant to say something, or not wanting to face an interlocutor directly. We write at every moment of life finally!

I think of the Gospels, the books of the Bible where the life and teachings of Jesus Christ are written. The testimonies shared in the Gospels have marked my life and moved me forward. I have experienced the strength of testimonies and of the Scriptures and their capacity for transformation.

Testimonies are not necessarily teachings. They are a form of dialogue.

I also think of Reyna Grande. In her memoir, *The Distance Between Us*, she shares her experience of negotiating multiple cultures and borders. Yes, through writing, one communicates beliefs, convictions, and struggles. Those who recognize themselves in what is shared enter into a dialogue with the text. Those who do not recognize themselves in it also enter into a dialogue.

I do not write to convince others but to convince myself of my fears. I write to remind myself what I think and as part of my striving to live fully and communicate with young people, as you saw me doing, Kathryn, at Avila University. Writing helps me move forward. It helps me renew my trust in others by accepting and recognizing my limitations. It helps me believe in myself and in life.

Amadou Hampâté Bâ was nourished by the oral teaching of his mother and of his mentor Tierno Bokar. Hampâté Bâ taught through his oral teachings. He also wrote many books to share thinking and transmit knowledge. I myself have benefited from the oral teachings of my grandmother and many others. I also feed on the writings of others. And I too can write.

Thank you, Kathryn! I think it's good to move in this direction. I think writing can be a very fertile pathway. I think writing has opened me up to new possibilities and perspectives. In the end, writing is one way, among others, of sharing with others. Writing is a way of remembering and of journeying into our own heart and the heart of others.

Sur l'autrice et l'illustratrice

Sœur Nelkem Jeannette Londadjim, autrice de *Chadian Sister Engages Kansas City Youth about Peace and Justice: Citoyenne du monde en construction à Kansas City*, a connu la guerre civile pendant de nombreuses années au Tchad. Elle a été témoin de violence et a perdu des êtres chers. Elle a dû également faire face au traumatisme et à la xénophobie en tant que réfugiée dans les pays d'accueil où elle a fui. Elle est retournée dans son pays dès qu'il a été possible d'y rentrer, malgré l'insistance de ses parents pour qu'elle reste dans un pays d'accueil sûr.

Pendant ses années universitaires, Nelkem Jeannette Londadjim a assisté à des réunions d'associations militantes pour les droits de l'Homme, et après avoir terminé ses études, elle s'est sentie appelée à rejoindre les Sœurs de Saint Joseph, un ordre religieux catholique pour les femmes. En tant que sœur de Saint Joseph, elle devient une défenseuse de la paix et de la justice dans les pays de l'Afrique de l'Ouest et du Centre où elle a vécu. Elle a enseigné dans un lycée de filles en Côte d'Ivoire et a fondé l'association « Jeunes artisans de la paix » au Sénégal.

En Algérie, en Afrique du Nord, elle s'est efforcée de faciliter les relations entre les Algériens autochtones et les populations réfugiées et migrantes du pays. Elle a été activiste en résidence à l'Université Avila de Kansas City d'août à novembre 2017. Elle a également été active au sein de l'organisation non gouvernementale qui porte les préoccupations des Sœurs de Saint Joseph au sein de divers organes et agences des Nations Unies.

Actuellement, Sœur Jeannette vit en France. Elle est membre de Justice et Paix France et travaille comme bénévole au Secours Catholique-Caritas France avec les familles « sans papiers » hébergées dans les hôtels sociaux, les accompagnant dans le développement de leur « pouvoir d'agir », y compris pendant cette période de covid19 qui s'ajoute à la pandémie de racisme et de discrimination désormais exposée pleinement aux yeux du monde.

Merci au Père Francis Gouin d'avoir fait la traduction du français en anglais et à Valérie Joubert d'avoir relu l'ensemble pour la cohérence entre les deux langues.

Bianca Akeyo Okwayo, Keyo Okwayo sur Instagram, a bien voulu illustrer ce livre. Ses dessins en noir et blanc imprégnés de mots complètent les réflexions de Sœur Jeannette, offrant des perspectives supplémentaires et des pistes de réflexion. Le travail de Keyo combine la littérature et différentes expressions artistiques pour explorer et manifester l'existence féminine. Née en 2000 à Nairobi, elle est diplômée du lycée pour filles Parklands Arya et est active au sein du studio et collectif d'artistes *Brush Tu Art* dans le quartier Buruburu d'Eastlands à Nairobi, au Kenya. Elle entame des études en anthropologie à l'Université de Nairobi.

Merci au photographe Adam Mwero (Adam Shutter, sur Instagram) pour la collaboration avec Keyo.

About the Author and the Illustrator

Sister Nelkem Jeannette Londadjim, author of *Chadian Sister Engages Kansas City Youth about Peace and Justice: Citoyenne du monde en construction à Kansas City*, experienced civil war for many years growing up in Chad. She witnessed violence and lost loved ones. She also had to deal with the trauma and xenophobia of being a refugee in host countries. She returned to her country as soon as it was possible to reenter, despite her parents' insistence for her to remain in the safe host country.

During her university years, Nelkem Jeannette Londadjim worked with human rights groups, and after finishing her studies, she felt called to join the Sisters of St. Joseph, a Catholic religious order for women. As a Sister of St. Joseph, she became an advocate of peace and justice in West and Central African countries where she lived. She taught at a girls' high school in Cote d'Ivoire and founded the "Young Peacemakers" organization in Senegal.

In Algeria in North Africa, she worked to facilitate relations between native Algerians and refugee and migrant populations in the country. She served as Activist-in-Residence at Avila University in Kansas City from August to November 2017. She has also been active with the non-governmental organization that takes concerns of the Sisters of St. Joseph to various United Nations bodies for discussion and action.

Currently, Sister Jeannette is living in France. She is a member of Justice and Peace France and works as a volunteer at Caritas France with "undocumented" families staying temporarily in hotels, helping them develop their "power to act," even during this double pandemic of covid19 and racism exposed.

Thanks Father Francis Gouin for translating from French to English and to Valerie Joubert for the copyediting.

Bianca Akeyo Okwayo, Keyo Okwayo on Instagram, was keen to illustrate this book. Her black and white drawings infused with words complement the reflections of Sister Jeannette, providing additional perspectives and food for thought. The work of Keyo combines literature and different elements of art to narrate feminine existence. Born in 2000 in Nairobi, she graduated from Parklands Arya Girls High School in 2019 and is active with the Brush Tu Art studio and artist collective in Buruburu neighborhood of Eastlands in Nairobi, Kenya. She is beginning studies in Anthropology at the University of Nairobi.

Thanks to Adam Mwero (Adam Shutter on Instagram) for the high-resolution photos of the drawings of Keyo.

END

We at Langaa hope you enjoyed reading
Chadian Sister Engages Kansas City Youth about Peace and Justice:
Citoyenne du monde en construction à Kansas City
by Nelkem Jeannette Londadjim.

We would very much appreciate it if could take a moment to
send a brief commentary about the book to
info@langaa-rpcig.net for the web site of
Langaa Research and Publishing. Please indicate if your
comments are anonymous or if we may share them with your

name. Your insights and contribution help valorize and promote African worldviews and African publishing.

You may peruse the catalogue of other Langaa books and the list of Langaa authors at www.langaa-rpcig.net

Follow Langaa on Facebook fb.me/langaarpcig and Twitter @langaa_rpcig

Langaa Research & Publishing CIG
Mankon, Bamenda

Nous, à Langaa, nous espérons que vous avez apprécié ce livre de Nelkem Jeannette Londadjim :
Chadian Sister Engages Kansas City Youth about Peace and Justice: Citoyenne du monde en construction à Kansas City.

Nous vous serions très reconnaissants si vous pouviez prendre un moment pour envoyer à info@langaa-rpcig.net vos opinions et commentaires sur ce livre, pour qu'on puisse les partager sur le site web de Langaa. Merci de spécifier si votre commentaire est anonyme ou si nous pouvons le publier avec votre nom. Vos idées et votre contribution aident à valoriser et à promouvoir les perspectives africaines du monde ainsi que l'édition africaine.

Vous pouvez consulter la liste des auteurs de Langaa et le catalogue des autres livres de Langaa sur
www.langaa-rpcig.net

Langaa Research & Publishing CIG

Mankon, Bamenda

CPSIA information can be obtained
at www.ICGtesting.com
Printed in the USA
FSHW020059290321
79819FS